Das kleine Kamel und andere Märchen aus Kasachstan

Nach einer Übersetzung von Irene Grizkowa
erzählt von Werner Lindemann
Mit Bildern
von Petra Wiegandt

Der Kinderbuchverlag
Berlin

Die Märchen wurden von Irene Grizkowa
aus der 1971 in Alma-Ata erschienenen Ausgabe
„Казахские народные сказки"
ausgewählt und aus dem Russischen übertragen

ISBN 3-358-00846-0

Der Kater, der Tiger und der Mensch

Vor langer Zeit trafen sich in einem Wald ein Tiger und ein Kater.

„Wie du mir ähnlich siehst!“ sprach der Tiger. „Warum aber bist du so klein, viel kleiner als meine Kinder?“

„Ich habe bei einem Menschen gelebt“, antwortete der Kater.

„Hat der Mensch dir denn nichts zu essen und zu trinken gegeben?“ wollte der Tiger wissen.

„Im Gegenteil“, rief der Kater, „ich bekam Nahrung in Hülle und Fülle; wenn es kalt war, durfte ich auf dem warmen Ofen liegen, und an heißen Tagen erlaubte mir mein Herr, im kühlen Schatten zu sitzen.“

„Dann kann ich erst recht nicht verstehen, daß du so winzig geblieben bist“, sagte der Tiger erstaunt.

Darauf sprach der Kater: „Wahrscheinlich bin ich nicht gewachsen, weil ich Angst vor dem Menschen hatte.“

Der Tiger wurde neugierig.

„Dieses Wesen will ich kennenlernen!“

„Gut!“ sagte der Kater, und sie machten sich auf den Weg.

Als sie ein Stück gegangen waren, sahen sie auf einer Wiese Kühe weiden.

„Sind das die Menschen?“ fragte der Tiger.

„Nein“, sprach der Kater, „das sind Kühe, sie werden von den Menschen geschlachtet und aufgegessen.“

„Oje“, sagte der Tiger, „müssen die aber groß und stark sein, wenn sie Tiere mit so gewaltigen Hörnern verschlucken können!“ Kater und Tiger wanderten weiter. Plötzlich erblickten sie einige Elefanten.

„Dann sind das wohl die Menschen?“ fragte der Tiger.

„Keineswegs!“ entgegnete der Kater. „Elefanten sind es, auf denen sie sitzen und reiten.“

Den Tiger beschlich die Furcht. Sogar solche Ungetüme wurden von den Menschen beherrscht?

Mit einem Mal rief der Kater: „Sieh, dort ist ein Mensch!“

Der Tiger hob den Kopf und hielt nach einem Riesen Ausschau, gewahrte aber nur eine kleine Gestalt, die auf einen Baum einschlug.

„Das soll ein Mensch sein?“ fragte er verwundert. „Wie kannst du vor dem Angst haben?“

Entschlossen ging er auf den Mann zu und rief: „Was machst du hier?“

„Ich fälle diesen Baum“, antwortete der Mann. „Komm und hilf mir!“

„Was soll ich?“ brüllte der Tiger. „Dir helfen? Fressen werde ich dich!“

„Verschone mich“, bat der Mann. „Wenn ich kein Holz nach Hause bringe, müssen meine Enkelkinder im Winter erfrieren.“

„Und warum hast du dem Kater so eine Angst eingejagt?“ fragte der Tiger.

„Du irrst“, erwiderte der Mann, „ich habe ihn nicht bedroht.“ Und er rief den Kater zu sich.

Der sprang ihm auf die Schulter, schnurrte behaglich und bat den Tiger: „Laß meinen Herrn am Leben. Nicht nur seine Enkel werden es kalt haben, wenn du ihn frißt, auch ich muß unter dem Frost leiden.“

„Na gut“, mauzte der Tiger, „damit du gut über den Winter kommst, will ich ihm helfen. Danach aber fresse ich ihn auf.“

Die Arbeit fiel dem Tiger nicht schwer, denn er hatte kräftige Pranken. Der Mensch hielt sich dicht neben ihm und wartete auf den geeigneten Augenblick. Plötzlich ließ er das Beil in der Sonne blitzen, schlug zu, und der Tiger fiel tot um.

Der Mann nahm den Kater beim Schlafittchen.

„Ab heute gehst du mir nicht mehr allein in den Wald!" gebot er.

Seitdem hocken die Katzen meistens zu Hause auf dem Ofen, und die Tiger fallen den Menschen an.

Das kleine Kamel

An einem sonnigen Tag lief ein kleines Kamel in die Steppe hinaus. Es war satt, sprang vergnügt herum und rief: „Krchmmss – chch!"

Plötzlich bedeckten Wolken den Himmel, die Sonne ging unter. Das kleine Kamel wurde traurig und bekam Hunger.

„Uh – uh – uh!" heulten die Steppenwölfe im Gebüsch.

Das junge, dumme Kamel irrte in der Dunkelheit umher und fürchtete sich. Seine Tränen fielen ins Steppengras. Vor Angst weinte es ganz leise, um nicht von den Wölfen gehört und gefressen zu werden.

Ein starker Wind kam auf und trieb den Wölfen den Kamelgeruch in die Nasen.

„Ein junges Kamel muß in der Nähe sein", riefen sie einander zu. „Kamelfleisch schmeckt gut. Das wird ein Festmahl!"

Sie verfolgten das Kamel und versuchten es zu fangen.

Aber es rannte so schnell, wie es nur konnte, um sich vor den Wölfen zu retten. Diese schreckliche dunkle Nacht kam ihm länger vor als sein ganzes Leben.

Endlich dämmerte der Morgen. Die Sonne leuchtete wieder, und in den Bäumen sangen die Vögel. Die Wölfe verkrochen sich in einer Schlucht. Das kleine Kamel beruhigte sich langsam und begann wieder zu rufen: „Krchmmss – chch!"

Diesen Ruf hörten die Hirten in den Jurten und liefen auf das kleine Kamel zu. Als es die Menschen sah, schmiegte es sich an sie.

„Das ist mein Kamel", sagte der eine Hirt.

„Nein, es gehört mir", rief der andere. „Hast du nicht gesehen, daß es zuerst zu mir gekommen ist?"

Nachdem sie eine Weile um das Kamel gestritten hatten, beschlossen die Männer, den Richter zu fragen.

Der Richter hieß Edyge. Seine Weisheit war in der ganzen Steppe bekannt.

Edyge ließ sich den Streitfall vortragen und hörte aufmerksam zu.

„Führt eure Kamelstuten her, und ich werde euch sagen, wem das Jungtier gehört", sprach er dann.

Die Hirten holten die Stuten, Edyge aber versteckte sich hinter einem Stapel getrocknetem Kamelmist und begann wie ein Wolf zu heulen. Da schrie das kleine Kamel. Die Stuten hoben die Köpfe, rührten sich aber nicht von der Stelle. Nur eines der Tiere drängte aus der Herde, lief auf das Kameljunge zu und beleckte es. Gierig suchte das kleine Kamel nach dem Euter der Mutter und trank die warme Milch.

Der Richter rief den Besitzer der Kamelmutter zu sich und sagte: „Nimm deine Stute und führe sie zur Jurte."

Sogleich zog der Hirt mit dem Kamel davon, und das Jungtier folgte satt und ausgelassen.

„Und du", sprach der Richter zu dem andern, „geh nach Hause und denke darüber nach, daß die Gier die Quelle allen Übels ist. Wessen Milch hätte das junge Kamel wohl in deiner Herde trinken sollen? Es wäre vor Hunger gestorben."

Der blaue Fuchs

In der Nähe einer Stadt wohnte ein Fuchs. Jede Nacht schlich er zum Marktplatz und tat sich an Speck- und Fleischresten gütlich.

Einmal verirrte sich der Fuchs in den Laden eines Färbers und beschmierte sich über und über mit blauer Farbe. Als

er in den Wald zurückkehrte, wählten die Tiere gerade einen neuen Khan. Weil sie den Fuchs in seiner Bemalung für etwas Besonderes hielten, machten sie ihn zum Khan, und er begann zu regieren. Sogar Tiger und Schneeleopard fügten sich seiner Macht.

Eines Tages regnete es. Das Wasser wusch dem Fuchs die blaue Farbe aus dem Pelz. Da erkannten die Tiere mit einem Mal, wen sie zum Khan erhoben hatten.

Mit einer Tracht Prügel jagten sie den Fuchs aus dem Wald.

Fuchs und Ziege

Ein Fuchs schnürte über das Feld. Plötzlich stürzte er in eine tiefe Grube. Er mühte sich, wieder herauszuklettern, aber vergeblich. Das Erdloch war zu tief.

Da sah der Fuchs eine Ziege kommen. Sie war durstig und suchte Wasser.

„Was machst du da unten?" fragte sie, als sie den Fuchs bemerkte.

„Ich genieße die frische Luft", sprach heuchlerisch der Fuchs. „Da oben ist es mir zu schwül und zu trocken. Hier dagegen ist es kühl, und ich kann frisches, klares Wasser trinken, soviel ich will."

Die Ziege, froh, endlich ein schattiges Plätzchen gefunden zu haben, sprang in die Grube. Darauf hatte der Fuchs nur gewartet. Er hüpfte zuerst auf den Rücken der Ziege, dann auf die Hörner, und – schwupp – sprang er aus dem Erdloch heraus. Die Ziege aber war verloren, weil sie dem Lügner vertraut hatte.

Der durchtriebene Fuchs

Bär, Wolf, Fuchs und Kamel waren Freunde.

Eines Tages liefen sie gemeinsam durch die Steppe. Da sprach der Fuchs zum Wolf: „Ich habe furchtbaren Hunger; wir sollten das Kamel fressen."

„Mir soll es recht sein", antwortete der Wolf, „aber was wird der Bär dazu sagen?"

Der Fuchs schlich an die Seite des Bären und sprach voll Hinterlist: „Der Wolf will das Kamel fressen."

Doch der Bär glaubte seinen Worten nicht, und die Tiere zogen weiter. Als sich der Fuchs unbeobachtet fühlte, machte er sich an das Kamel heran und flüsterte: „Paß auf, sei vorsichtig; der Bär und der Wolf wollen dich fressen."

„Warum sollten sie mich fressen wollen?" fragte ungläubig das Kamel.

„Du hast viel Fleisch", erwiderte der Fuchs, „dein Fell und die Hufe lassen sich teuer verkaufen."

Aus lauter Freundschaft willigte das Kamel ein, von den anderen verspeist zu werden.

Mit dieser Nachricht eilte der Fuchs zum Bären und zum Wolf. Gemeinsam zerrissen sie das gutmütige Kamel.

Fuchs und Wolf begannen die Kameldärme zu reinigen. Zu gern hätte der Fuchs ein Endchen davon gekostet, aber der Wolf warnte ihn vor dem Zorn des Bären.

Der Fuchs jedoch konnte seine Gier nicht länger bezwingen und verschlang einen Kameldarm.

Bald bemerkte der Bär, daß ein Darm fehlte, und er fragte: „Wer hat ihn gefressen?“

Blitzschnell antwortete der Fuchs: „Das war der Wolf.“

Der Bär stürzte sich auf den Wolf, der die Flucht ergriff, und lief mit zornigem Knurren hinter ihm her.

Inzwischen versteckte der Fuchs das Kamelfleisch in einem Saksaulstrauch. Da kehrte der Bär zurück und fragte: „Wo ist das Fleisch geblieben?“

„Das hast du doch mitgenommen“, rief der Fuchs. „Erinnerst du dich nicht? Ich sitze hier und warte auf dich, weil ich denke, daß wir gemeinsam essen wollen. Du bist mir ein schöner Freund!“

So kam es, daß der Bär leer ausging. Der durchtriebene Fuchs aber fraß noch lange von dem Fleisch des Kamels.

Der Hirt und die Schlange

Ein Hirt weidete seine Schafe in der Steppe, als nicht weit von ihm ein Feuer ausbrach. Eine Schlange kroch aus dem brennenden Gras, näherte sich dem Mann und bat ihn, sie vor den Gluten zu schützen. Ohne ein Wort zu verlieren, ließ der Hirt sie in seinen Ärmel schlüpfen.

Als die Flammen verlöschten, wollte er die Schlange wieder loswerden. Aber ihr gefiel es in dem Ärmel, da war es warm und gemütlich. Als der Hirt versuchte, sie herauszuschütteln, rief sie: „Laß mich in deinem Ärmel bleiben, oder ich beiße dich.“

Der Hirt erinnerte die Schlange daran, daß er sie vor dem Flammentod gerettet hatte, sie aber wollte davon nichts mehr hören.

Da sprach der Mann: „Laß uns zum Stier gehen. Er mag urteilen, wer von uns im Recht ist.“

Der Stier hörte sich aufmerksam an, was die beiden ihm vortrugen, und sagte: „Der Mensch ist mein Feind; ich arbeite mein Leben lang für ihn, und statt mir dankbar zu

sein, schleppt er mich am Ende zur Schlachtbank.“ Und er entschied, die Schlange solle im Ärmel des Mannes bleiben.

Unzufrieden mit diesem Urteil, wandte sich der Hirt an das Pferd. Das Pferd war derselben Meinung wie der Stier und gab der Schlange recht.

Aufgebracht ging der Mann zum Kater. Der überlegte eine Weile und kam zu dem Schluß, eine Wohltat müsse mit der anderen vergolten werden. Er empfahl der Schlange, den Ärmel zu verlassen.

„Du redest dummes Zeug!“ zischte die Schlange und brachte weitere Rechtfertigungen für ihr Verhalten vor.

„Sprich lauter! Ich verstehe dich nicht!“ rief der Kater. Und er forderte sie auf, näher an sein Ohr zu kommen.

Die Schlange steckte den Kopf aus dem Ärmel, da packte der Kater zu, zog sie vollends heraus und setzte ihrem Leben ein Ende.

Die Maus und die Schlange

Eine Maus kam von einem Spaziergang zurück. Erschrocken sah sie, daß eine Schlange in ihrem Loch lag. Wie werde ich den ungebetenen Gast wieder los? überlegte sie und entschloß sich, ihre Nachbarn um Rat zu fragen. Sie machte sich auf und rief alle Mäuse aus der Umgebung zusammen.

Lange berieten sie, wie ihr zu helfen sei, kamen aber zu keinem Ergebnis.

Eine ältere Maus sprach: „Hier ist wohl nichts zu machen. Die Schlange ist zwar im Unrecht, aber sie würde dich töten, wenn du sie aus dem Loch vertreiben wolltest. Grabe dir deshalb eine neue Wohnung.“

Der Maus wurde es schwer, die Schlange in ihrem Loch zu lassen. Aber die anderen Mäuse waren älter und klüger, und sie hatten zweifellos recht.

So grub sie sich ein anderes Loch, zog ein und wohnte darin. Aber sie mußte immer wieder darüber nachdenken, wie sie mit dem Eindringling fertig werden könnte.

An einem schönen warmen Tag sah sie die Schlange schlafend vor dem Loch liegen. Unweit von ihr, im Schatten eines Baumes, hockte ein Gärtner. Auch er war eingenickt.

Die Maus lief auf ihn zu und biß ihn kräftig in die Nase. Der Gärtner erwachte von dem Schmerz und rannte der Maus nach. Sie lief dorthin, wo ihre Feindin lag, der Gärtner bemerkte die Schlange und schlug sie tot.

Die Maus aber zog wieder in ihr altes Loch. Seitdem gilt sie als Beweis dafür, daß man sich im entscheidenden Augenblick auf den eigenen Verstand verlassen soll.

Kotyr-Torgai

Vielleicht ist diese Geschichte wahr, vielleicht aber auch nicht. Sie erzählt von einem kleinen Sperling mit dem Namen Kotyr-Torgai.

Kotyr-Torgai hüpfte auf einem Weg herum, tschilpte freche Lieder und suchte nach Würmern. Doch weil es lange nicht geregnet hatte, gab es keine Würmer, und die Laune des kleinen Sperlings trübte sich mehr und mehr.

Zu allem Ärger begann ihm auch noch der Rücken zu jucken. Kotyr-Torgai flog zu dem Shantakgras und rieb sich daran. Das Shantakgras aber hat scharfe Dornen, und es stach den Sperling.

Nun war es ganz und gar um seine Stimmung geschehen.

„Wie kannst du mich stechen, Shantakgras!“ wetterte er. „Du hast mich beleidigt. Das wirst du büßen!“

Der Sperling flog zu den Ziegen.

„Liebe Ziegen, das Shantakgras hat mich beleidigt. Weidet es ab!“

Gleichgültig betrachteten die Ziegen den Vogel.

„Flieg weiter, Kotyr-Torgai, und laß uns in Ruhe! Wir haben keinen Appetit auf Shantakgras.“

Da flog der Sperling zu den Wölfen.
„Liebe Wölfe, die Ziegen haben mich beleidigt. Lauft zu ihnen und zerreißt sie!"
„Flieg weiter, Kotyr-Torgai!" heulten die Wölfe. „Sei zufrieden, daß wir dich nicht verschlingen. Wie kämen wir dazu, nach deiner Pfeife zu tanzen?"
Kotyr-Torgai flog zu den Pferdehirten.
„Liebe Pferdehirten, die Wölfe haben mich beleidigt. Schlagt sie tot!"
Die Pferdehirten lachten.
„Flieg weiter, Kotyr-Torgai! Du bist zu klein, um uns Lehren zu erteilen. Wir wissen allein, was wir zu tun haben."
Der Sperling flog zur Frau des Beis, dessen Pferde die Hirten bewachten.
„Liebe Frau, eure Pferdehirten haben mich beleidigt. Bestrafe sie dafür!"
Die Alte war gerade bei der Schafschur. Drohend hob sie die Schere und rief: „Flieg weiter, du elender Sperling! Siehst du nicht, daß ich beschäftigt bin?"
Kotyr-Torgai brachte sich in Sicherheit und jammerte: „Wohin soll ich noch fliegen, bei wem mich beklagen? Gibt es denn niemand, der meinen Schmerz versteht?"
Da stob der Wind vorbei.
„Lieber Wind, hilf mir, die Frau des Beis hat mich beleidigt!" rief der Sperling ihm nach. Der Wind wurde böse.
„Man darf die Kleinen nicht kränken", sagte er, flog zu der Alten, ergriff die Schafwolle und trug sie hoch in die Wolken hinauf. Die Frau heulte auf und stürzte zu den Pferdehirten.
„Ihr Faulpelze, wie schlecht bewacht ihr meine Pferde! Merkt ihr nicht, daß Wölfe in der Nähe sind?"

Die Hirten griffen nach den Beilen und jagten los, um die Wölfe zu erschlagen.

Die Wölfe ergriffen die Flucht. Die Ziegen sahen sie kommen, nahmen Reißaus und meckerten: „An all dem Unglück ist nur Kotyr-Torgai schuld!"

Trotz der Dornen fraßen sie das Shantakgras ab bis auf die Wurzeln.

Nun war der kleine Sperling zufrieden. Er flog durch das Land und tschilpte: „Wo in der Welt lebt einer, der es wagt, mich, den starken Kotyr-Torgai, zu beleidigen?"

Die Schildkröte

Vielleicht ist diese Geschichte wahr, vielleicht aber auch nicht.

Wenn sie wahr sein sollte, muß sie zu jener Zeit passiert sein, als die Tiere und Vögel noch in Frieden miteinander lebten und sich von Gräsern und Früchten nährten. In der Steppe gab es davon so viel, daß keines um den kommenden Tag besorgt sein mußte. Aber da war eine Kröte. Sie trug gierig Nahrung zusammen, baute eine Erdhöhle und füllte sie mit Vorrat für viele Jahre. Die andern hielten sie für knauserig und machten sich über sie lustig.

„Ihr lacht jetzt, weil ihr satt seid", sprach die Kröte. „Wenn aber der Hunger über euch kommt, werdet ihr bittere Tränen vergießen." Nach zwei Jahren traf ein, was die Kröte vorausgesagt hatte. Die Sonne verbrannte Bäume und Gräser. Die Erde trocknete aus. Die Tiere und Vögel fanden nichts mehr zu fressen.

Da liefen sie zur Kröte und flehten: „Rette uns aus der

Not, verteile, was du gesammelt hast! Im nächsten Sommer füllen wir deine Vorratskammer wieder mit Früchten und Gras."

Die Kröte antwortete: „Wenn ihr nicht verhungern wollt, so kauft, was ich habe; wer leichtsinnig verschenkt, was er besitzt, wird bald arm sein, reich dagegen, wer sich seine Ware bezahlen läßt."

Die habgierige Kröte begann zu handeln. Alles, was die hungrigen Tiere besaßen, schleppten sie zu ihr für etwas Eßbares. Von Tag zu Tag wurde die Kröte unersättlicher. Sie steigerte die Preise ins Unermeßliche. Wer nicht bezahlen konnte, bekam nichts. Schließlich verkleinerte sie des Nachts die Gewichte.

Lange bemerkte niemand den Betrug. Die Tiere magerten ab, manche gingen elend zugrunde, die Gaunerin aber wurde fett und reich. Doch die Wahrheit kommt einmal ans Licht. Einige Tiere ahnten, daß es bei dem Handel nicht mit rechten Dingen zuging.

„Prüfen wir die Gewichte!" riefen sie. Sie stellten fest, daß die Käufer schamlos betrogen wurden. Ein Sturm der Entrüstung lief durch die Steppe. Die Tiere umringten die Händlerin und beschlossen, sie zu richten.

Zuerst schlugen sie vor, die Kröte dem Hungertod preiszugeben, dann meinten sie, es sei besser, sie in eine Erdhöhle zu sperren.

Da sprach eines von ihnen: „Diese Elende, die sich auf Kosten Armer und Hungernder bereichert hat, sollte zur Warnung für alle sichtbar bleiben. Die Welt mag erfahren, wie sie bestraft wurde. Ich schlage vor, aus den Gewichten eine Truhe mit Löchern für Kopf und Beine zu bauen und die Verbrecherin darin einzuschließen."

So geschah es. Seit jener Zeit schleppt die Kröte ihr eigenes

Gefängnis und lebt mager und runzelig darin. Wegen ihres Panzers wird sie Schildkröte genannt. Sie ähnelt darin einem lebenden Stein.

Die anderen Kröten aber, aus Furcht, daß sie das Los ihrer Verwandten teilen müßten, verkriechen sich am Tag in Erdhöhlen und kommen erst heraus, wenn es dunkel wird.

Der Kuckuck

Es lebten einmal zwei Schwestern, deren Eltern waren früh gestorben. Die ältere Tochter hatte alles geerbt, was Vater und Mutter hinterließen, und war die Frau eines Beis geworden. Die jüngere diente ihr als Magd. Obwohl sie von früh bis spät auf den Beinen war, schalten der Bei und seine Frau ständig mit ihr.

Eines Tages war ein Pferd aus der Herde entlaufen. Der Bei und seine Frau befahlen der Magd, es zu suchen.

„Bleib einen Tag oder ein Jahr aus, aber wage nicht, ohne das Tier zurückzukommen."

Das arme Mädchen lief in die Steppe, durchquerte Wälder, stieg ins Gebirge – das Pferd konnte sie nirgends finden. Die Zeit verging. Längst hatte die Magd vergessen, daß sie ohne das Pferd nicht nach Hause kommen durfte, ja, sie hatte sogar den Weg verloren. Sie irrte durch das Land und rief immerzu: „At-shok! At-shok! – Das Pferd ist nicht da! Das Pferd ist nicht da!"

Das Mädchen lief und lief, und plötzlich wuchsen ihr Flügel aus dem Rücken; sie verwandelte sich in einen Kuckuck. Der fliegt seit jener Zeit über Steppen, Wälder und Gebirge, hat weder ein eigenes Nest noch eine Familie und ruft den ganzen Tag: „At-shok! At-shok!"

Die Ziege und der dumme Wolf

Ein Wolf schleppte sich hungrig durch den Wald. Hoffentlich finde ich bald etwas zu fressen, dachte er und blickte grimmig in die Runde.

Da kam eine schöne fette Ziege des Wegs. Der Wolf rief: „Bevor ich vor Hunger umfalle, fresse ich dich!"

„Wenn es sein muß", antwortete die Ziege gleichmütig, dann fügte sie hinzu: „Wäre es bei deinem Appetit nicht angebracht, wenn ich dir auch noch mein Zicklein brächte? Es ist ein besonders zarter Happen."

Der Wolf in seiner Gier war damit einverstanden, die schlaue Ziege aber machte sich aus dem Staub.

Der goldhaarige Totambei

Einst lebte ein armer Kasache, der hatte neun Söhne und eine Tochter. Die Söhne sahen aus wie andere Kasachen auch, nur der Jüngste nicht; er hatte goldenes Haar und wurde Totambei genannt.

Die Familie besaß eine Stute. Sie brachte alle Jahre ein Fohlen zur Welt. Aber jedesmal sank kurz danach eine schwarze Wolke vom Himmel herab und entführte das Neugeborene. Zwar wachten die Brüder der Reihe nach über das junge Pferd, doch sosehr sie auch aufpaßten – die Wolke konnte immer entkommen.

Eines Tages war Totambei an der Reihe, auf das Fohlen zu achten. In der Mittagshitze wurde er bald müde und schlief ein. Da weckte ihn plötzlich ein furchtbares Getöse. Er fuhr hoch und sah die schwarze Wolke vom Himmel kommen. Totambei griff nach seinem Gewehr und schoß. Die Wolke zitterte einen Augenblick. Dann ließ sie einen zierlichen Frauenfinger zur Erde fallen.

Als Totambei nach Hause kam, bemerkte er, daß seiner Schwester ein Finger fehlte. Sie ist eine Zauberin, dachte er, ließ sich aber nichts anmerken.

Die Geschichte beunruhigte ihn jedoch, und er erzählte sie seinen Brüdern. Die glaubten ihm nicht und jagten ihn aus dem Haus.

Totambei zog durch die Steppe und gelangte nach langer Wanderung in das Reich eines anderen Khans. Dort fand er eine Anstellung als Pferdehirt. Immer wenn er die Tiere zur Tränke ritt, sah er die Töchter des Khans im Fluß baden. Die jüngste von ihnen bemerkte den goldhaarigen Pferdehirten, und er gefiel ihr so gut, daß sie ihr Herz an ihn verlor.

Die anderen Töchter des Khans vermählten sich nach und

nach mit reichen und vornehmen Männern, die ihrem Schwiegervater ein hohes Brautgeld einbrachten.

Nun wollte auch die jüngste Tochter heiraten. Ihre Wahl fiel auf Totambei. Der Khan war damit nicht einverstanden; denn der Pferdehirt war ein mausarmer Mann. Wie hätte er das Brautgeld aufbringen sollen? Aber die Tochter setzte ihren Willen durch. Ihr Vater war darüber so erbost, daß er ihr jegliche Mitgift verweigerte und dem Jüngling verbot, das Schloß zu betreten.

Eines Tages befiel den Khan eine schwere Krankheit. Er schickte reitende Boten in alle Welt, mit dem Auftrag, die berühmtesten Medizinmänner und Zauberer herbeizuholen. Bald strömten sie aus allen Himmelsrichtungen zum Schloß und begannen Mixturen herzustellen, wahrzusagen und zu zaubern.

Aber der Khan wurde nicht gesund.

Da weissagte ihm eine Zauberin, nur das Fleisch einer wilden Ziege könne ihn retten.

Alsbald ließ er seine beiden reichen Schwiegersöhne kommen.

„Bringt mir das Fleisch einer wilden Ziege, damit ich geheilt werden kann", sagte er.

Die Schwiegersöhne sattelten ihre Pferde und machten sich zur Jagd bereit. Totambei wollte sich ihnen anschließen. Hohnlachend verwies ihm das der Khan.

„Armseliger Kerl, bleib, wo du bist, du richtest doch nur Schaden an!"

Doch Totambei wiederholte seine Bitte, und schließlich gab ihm der Khan ein kümmerliches, lahmes Pferd, so daß er mitreiten konnte.

Schon bald machte Totambei einige wilde Ziegen aus und erlegte sie. Die anderen Schwiegersöhne waren nicht so erfolgreich und fürchteten, mit leeren Händen vor den Khan treten zu müssen. Da baten sie den Hirten, ihnen seine Jagdbeute zu überlassen.

Totambei war es zufrieden, doch stellte er die Bedingung, daß sie sich ein Mal auf den Rücken brennen ließen. So geschah es. Sie bekamen jeder eine Ziege und kehrten damit ins Schloß zurück.

Der Khan ließ das Fleisch der Ziegen augenblicklich kochen, aß es und wurde wieder gesund. Die reichen Schwiegersöhne wurden königlich belohnt.

Nicht lange danach rief der Khan sie abermals zu sich.

„Einst hatte ich fünf Töchter", sprach er. „Drei sind mir geblieben; die beiden anderen wurden von zwei grausamen Riesen aus der Wüste geraubt. Befreit sie, und ihr sollt zum Lohn alle meine Schätze bekommen."

Die Lieblingsschwiegersöhne ließen sich nicht lange bitten und brachen auf. Totambei ritt ihnen heimlich nach.

Der Weg durch Steppen, Wüsten und Wälder war lang und beschwerlich. Schon bald wurden die verwöhnten Schwiegersöhne des Khans müde und lagerten sich im Schatten eines Baums. Totambei aber zog weiter durch die schier endlose Steppe.

Eines Tages erblickte er fünf weiße Jurten, die sich wie Pilze aus der Erde hoben. Totambei betrat die erste Jurte und sah dort eine Frau sitzen. Sie betrachtete den Fremden und fragte: „Wer bist du, und wo kommst du her?"

„Ich will die Töchter des Khans befreien", antwortete der Hirt. Da gab die Frau sich ihm als eine der Gesuchten zu erkennen.

„Dort findest du meine Schwester", sagte sie und wies auf die zweite Jurte.

In diesem Augenblick kehrten die Riesen nach Hause

zurück. Sie erblickten den Fremden und stürzten sich auf ihn, um ihn zu töten. Ein furchtbarer Kampf begann, der mehrere Tage währte. Totambei, klug und wendig, wich den ungeheuren Hieben der Riesen aus und führte unzählige schnelle Schläge gegen sie, bis sie endlich tot zu Boden sanken.

Die Frauen dankten ihrem Retter, packten ihr Hab und Gut zusammen, und gemeinsam zogen sie heimwärts. Auf halbem Wege trafen sie die müden und hungrigen Schwiegersöhne des Khans. Totambei gab ihnen Brot und Fleisch und schlug vor, nach dem Essen gründlich auszuruhen. Er schlief vierzig Tage und Nächte lang. Inzwischen brachen die Lieblingsschwiegersöhne mit den Frauen auf und erreichten wohlbehalten das Schloß.

Als der Khan seine Töchter gesund und unversehrt vor sich sah, löste er sein Wort ein und übergab den Schwiegersöhnen all seine Reichtümer. Zugleich ließ er ein großes Fest veranstalten. Während des Festmahls fragte er beiläufig nach Totambei.

„Er ist in der Steppe umgekommen", antworteten sie.

Das Fest dauerte vierzig Tage. Bevor es zu Ende ging, kehrte Totambei zurück. Er trat vor den Herrscher und offenbarte ihm die Wahrheit über die Ziegen und den Kampf mit den Riesen.

Doch der Khan glaubte kein Wort.

Da sprach Totambei: „Befiehl deinen Schwiegersöhnen, die Hemden auszuziehen."

Unwillig folgten die beiden der Aufforderung und streiften die Hemden vom Leib. Da sah der Khan die Brandmale. Erzürnt verstieß er die Lügner aus seinem Schloß und gab all seinen Besitz dem klugen und tapferen Totambei mit den goldenen Haaren.

Der wunderbare Vogel

Vor langer Zeit lebte einmal ein Khan, der hatte drei Söhne: Assan, Ussen und Hassen. Hassen, der Jüngste, war nicht nur schön, er war auch klug und stark.

Eines Nachts träumte der Khan von einem Zaubervogel. Wenn dieser Vogel lachte, fielen wunderschöne Blumen aus seinem Schnabel, weinte er, so tropften aus seinen Augen Perlen von unbeschreiblichem Glanz.

Der Khan hätte den Vogel zu gern in seinem Schloß gehabt. Deshalb ließ er seine Söhne Assan und Ussen kommen und sprach zu ihnen: „Ich habe im Traum einen Zaubervogel gesehen. Wenn er lacht, fallen wunderschöne Blumen aus seinem Schnabel, weint er aber, so rollen aus seinen Augen Perlen. Sucht den Vogel und bringt ihn mir, oder ihr seid des Todes."

Assan und Ussen bekamen Angst, denn sie wußten, daß der Vater sein Wort halten würde. Deshalb antworteten sie: „Wir werden ihn dir bringen, koste es, was es wolle." Und sie brachen auf, um den wunderbaren Vogel zu fangen.

Hassen, der jüngste Bruder, erfuhr nach vierzig Tagen von dem Unternehmen und war traurig, nicht dabeisein zu können.

„Hast du kein Vertrauen zu mir, weil du mich nicht mitgehen ließest, den Zaubervogel zu suchen?" fragte er den Vater.

„Mitnichten", antwortete der Khan, „aber du bist zu jung, um einen so schweren Auftrag zu übernehmen."

Doch Hassen bestürmte ihn mit Bitten, den Brüdern folgen zu dürfen, und nach vielen Bedenken ließ sich der Khan endlich umstimmen.

Trotz des großen Vorsprungs holte der Jüngling die beiden

schnell ein. Zu dritt setzten sie den Ritt fort. Eines Abends gelangten sie zu einer Stelle, an der sich der Weg gabelte. Drei Steine kündeten, was den erwarte, der die jeweilige Richtung einschlug.

Auf dem ersten Stein stand geschrieben: „Wer diesem Weg folgt, wird zurückkehren."

Der zweite trug die Inschrift: „Wer diesen Weg wählt, kehrt zurück oder auch nicht."

Auf dem dritten war zu lesen: „Wer diesen Weg einschlägt, kehrt nie zurück."

Assan, der älteste Bruder, nahm den ersten Weg. Ussen entschied sich für den zweiten. Für Hassen blieb der dritte.

Die Brüder verabschiedeten sich voneinander und ritten davon, jeder nach einer anderen Richtung.

Mehrere Monate lang war Hassen durch die Steppe gezogen, als er eine Stadt erreichte. Vor den Toren weideten zahlreiche Gazellen. Der Jüngling war hungrig von der Reise und beschloß, eines der Tiere zu erlegen. Er nahm den Bogen zur Hand, legte den Pfeil auf und spannte die Sehne. Da aber umringten ihn die Gazellen und begannen zu jammern und zu klagen. Verwundert ließ Hassen den Bogen sinken. Was ist mit diesen Tieren los? dachte er, steckte den Pfeil wieder in den Köcher und ritt in die Stadt ein. Bald gelangte er an ein Schloß. Er trat in einen großen Saal, und weil er keinen Menschen sah, rief er: „Ist jemand hier?"

Doch es kam keine Antwort.

Hassen schaute sich um. Auf einer Tafel entdeckte er einen Teller mit gebratenem Fleisch. Von Hunger getrieben, streckte er die Hand aus, da hörte er eine rauhe Stimme: „Laß die Finger davon!"

Eine häßliche, zerlumpte Alte betrat den Saal. Sie

stampfte mit den Füßen auf und murmelte eine Zauberformel. Und ehe er sich's versah, war Hassen in eine Gazelle verwandelt, und die Alte trieb ihn zu der Herde vor die Stadt.

Seiner menschlichen Gestalt und der Sprache, nicht aber des Verstandes beraubt, lief Hassen den Weg zurück, den er gekommen war. Nach wenigen Tagen gelangte er zu einem anderen Schloß. Ein wunderschönes Mädchen trat heraus, betrachtete ihn aufmerksam und sagte: „Du bist doch keine Gazelle, sondern ein Mensch. Würdest du mich heiraten, wenn ich dich zurückverwandle?"

Die Gazelle schwieg.

„Du kannst nicht reden", sprach das schöne Mädchen weiter. „Meine Mutter, die eine Hexe ist, hat dich verzaubert."

Sie nahm eine Handvoll Sand und warf ihn dem Tier auf den Kopf. Augenblicklich wurde es wieder zu Hassen. Der Jüngling verbeugte sich höflich, dankte dem Mädchen und erzählte, was er erlebt hatte.

Traurig sprach sie darauf: „Ich bin die einzige Tochter jener Frau, und nie habe ich mit ansehen können, wie sie die Menschen in Tiere verwandelt. Deshalb bin ich von ihr weggelaufen. Ich glaubte schon, keinem Menschen mehr zu begegnen. Wie froh bin ich, daß du zu mir kamst. Nichts soll uns mehr trennen."

„Aber ich kann nicht bei dir bleiben", sagte Hassen. „Ich muß ein Versprechen einlösen, das ich meinem Vater gab."

„Was für ein Versprechen?“ fragte das Mädchen.

Hassen erzählte ihr von des Vaters Traum.

Da sprach sie klagend: „So werde ich dich verlieren. Dieser wunderbare Vogel hat einmal mir gehört. Er versteht es, zu sprechen wie ein Mensch. Die Kulschahmahal, Tochter eines bösen Riesen-Herrschers, hat ihn mir geraubt. Sicherlich findest du das Schloß des Riesen, aber er wird dich töten, und den Vogel bekommst du nie.“

„Ich muß ihn haben“, sprach Hassen, „auch wenn es noch so viele Entbehrungen kostet. Sobald mein Auftrag erfüllt ist, kehre ich zu dir zurück.“

Da hörte das schöne Mädchen auf zu weinen und wies Hassen den Weg: „Reite neunzig Tage westwärts, dann kommst du zu einem Berg. Ihn zu überqueren dauert nochmals neunzig Tage. Auf der anderen Seite lebt in seinem Nest auf einem einsamen, hohen Baum der Vogel Samruk. Er wird dir zeigen, wie du zu dem Schloß des Riesen gelangst.“

So sprach das schöne Mädchen und fuhr fort: „Solange meine Mutter lebt, wird sie uns verfolgen. Nimm diesen Pfeil und schieße ihn aufs Geratewohl ab. Er wird sie töten.“

Hassen ließ den Zauberpfeil von der Sehne schnellen, und augenblicklich war es um die böse Hexe geschehen. Dann jagte der Reiter los, immer nach Westen. Nach neunzig Tagen kam er an den Berg, dessen Gipfel von Wolken verdeckt wurde. Weitere neunzig Tage brauchte er, ihn zu überwinden. Auf der anderen Seite stand der Baum mit dem Nest des Vogels Samruk. Hassen setzte sich in seinen Schatten, um auszuruhen, da hörte er plötzlich Hilferufe: „Rette uns, Mensch, rette uns!“

Die Stimmen kamen aus dem Nest des Vogels. Im selben Augenblick sah der Jüngling eine Riesenschlange den Baum hinaufkriechen. Sie wollte die Vogeljungen fressen. Hassen zog das Schwert und schlug der Schlange den Kopf ab. Die jungen Vögel zerrissen und verschluckten sie.

Ein starker Wind kam auf. Es regnete in Strömen.

„Was ist das für ein Sturm?“ fragte Hassen die Vögel.

„Das ist der Flügelschlag unserer Mutter“, antworteten sie. „Und die Regentropfen sind ihre Tränen. Jedes Jahr hat sie auf diesem Baum gebrütet, und immer, wenn sie nach Futter ausflog, hat die Schlange die Jungen gefressen. Nun kehrt die Mutter zurück und weint, weil sie denkt, daß sie auch diesmal wieder ein leeres Nest vorfindet. Versteck dich schnell unter unseren Flügeln, sonst verschlingt sie dich.“

Hassen kroch unter die Federn der Vogeljungen. Der Vogel Samruk flog heran und ließ sich auf einem Ast nieder. Er war so schwer, daß sich die Baumkrone zur Erde neigte, und trug Gazellen, Hirsche und anderes Getier im Schnabel. Als er seine Jungen lebend und gesund vorfand, stieß er freudige Rufe aus.

Aber dann äugte er mißtrauisch in die Runde.

„Es riecht nach Menschen. Habt ihr einen gesehen?“

„Wir werden ihn dir zeigen“, riefen die Jungen, „aber du mußt uns versprechen, ihn nicht zu fressen.“

Das versprach die Vogelmutter. Die Jungen hoben die Flügel, und Hassen kroch hervor. Gierig packte ihn der Vogel Samruk mit den Krallen, um ihn zu zerreißen.

Aber die Jungen schrien: „Laß ihn! Laß ihn!“

„Warum habt ihr Mitleid mit ihm?“ fragte Samruk.

„Er hat die Riesenschlange getötet und uns das Leben gerettet.“ Da ließ er Hassen los, und der Jüngling mußte erzählen, wie er an diesen Ort gelangt war. Als er nach dem Schloß des Riesen fragte, bot ihm der Vogel Samruk seine Hilfe an.

„Steig auf meinen Rücken. Ich bringe dich hin.“

Sieben Tage und sieben Nächte flog Hassen mit dem Vogel Samruk über Ozeane und Wüsten. Als sie unter sich einen flammenden, feuerspeienden Fluß erblickten, war der Vogel vor Hunger so geschwächt, daß er sich kaum noch vorwärts bewegen konnte.

„Ich bin so hungrig und müde und habe keine Kraft mehr“, sprach er zu Hassen. „Hoffentlich stürzen wir nicht in den Feuerfluß.“

Ohne zu überlegen, schnitt der Jüngling zwei Stücke Fleisch aus seiner Hüfte und reichte sie Samruk, der sie alsbald verschlang.

„Wo hast du das her? Es schmeckt gut und gibt Kraft.“

„Ich schnitt es aus meiner Hüfte“, antwortete Hassen.

Da berührte der Vogel die Wunde mit den Flügeln, und sie verheilte.

Endlich gelangten sie in das Reich des Riesen.

„Wenn dieser Unhold sich niederlegt, pflegt er vierzig Tage zu schlafen“, sagte der Vogel. „Jetzt ruht er seit drei Tagen. Drei Tage will ich auf dich warten. Bist du dann nicht zurück, so fliege ich fort.“

Hassen versprach, die Frist einzuhalten, und machte sich auf den Weg in die Stadt des Herrschers. Das war eine ganz besondere Stadt. Alle Häuser waren aus Gold gebaut. Noch nie hatte Hassen so etwas Schönes gesehen. Er ging durch die Gassen und Straßen, betrachtete alles und vergaß darüber den wunderbaren Vogel, das Mädchen, das auf ihn wartete, und den Vogel Samruk.

Bald kam er an ein goldenes Schloß und trat ein. In einem Saale sah er vierzig Jungfrauen schlafen. Im Gemach daneben lag auf einem goldenen Bett noch ein junges Mädchen in tiefem Schlummer. Es war die Tochter des Riesen. Ein gedeckter Tisch stand neben ihrem Lager. Hassen war hungrig und wollte schon zugreifen, als er eine klangvolle Stimme vernahm: „Wer hat dir erlaubt, von den Speisen zu essen, die dir nicht gehören?“

Erschrocken drehte er sich um, da sah er in einem Käfig einen Vogel sitzen, der lachte, und während er lachte, fielen ihm wunderschöne Blumen aus dem Schnabel. Das mußte der Zaubervogel sein, von dem der Vater geträumt hatte. Die Freude des Jünglings war grenzenlos. Er griff nach dem Käfig, aber der Vogel sprach warnend: „Wenn du mich mitnimmst, werde ich so laut singen, daß alle Riesen in der Stadt aufwachen, und dann ist es um dich geschehen.“

Hassen erzählte ihm, auf welche Weise er zu diesem Schloß gelangt war, er sprach von dem schönen Mädchen, dem er, der Vogel, vor langer Zeit gehörte, und bat ihn, leise zu sein, damit die Riesen nicht erwachten.

„Gut“, sagte der Vogel, „so magst du mich mitnehmen. Vorher aber schreibe alles auf, was dir widerfahren ist, und lege den Zettel neben die Tochter des Riesen.“

Das tat Hassen, dann kehrte er mit dem Käfig zu Samruk zurück, der gerade davonfliegen wollte, weil der dritte Tag abgelaufen war. Hassen kletterte mit dem Käfig auf seinen Rücken, und sie brachen auf. Ohne Zwischenfälle gelangten sie zu Samruks Nest. Hassen dankte dem guten Vogel. Der gab dem Jüngling eine seiner Zauberfedern und sprach: „Auf dieser Feder kannst du weiterfliegen!“

Die wundersame Feder trug Hassen bis zu dem Haus des schönen Mädchens. Deren Freude, ihn wiederzuhaben, war grenzenlos. Hassen erholte sich einige Tage, dann flog er mit dem Käfig und dem Mädchen auf der Zauberfeder zum Schloß seines Vaters.

Schon waren sie einige Tage unterwegs, da entdeckte der

Jüngling in der Steppe einen Menschen, in dem er seinen älteren Bruder Ussen erkannte. Ussen hatte bei einem Bei als Schafhirte gedient, er sah schmutzig und verhungert aus und befand sich auf dem Weg nach Hause. Hassen gab ihm zu essen und ließ ihn mit auf die Feder des Vogels Samruk steigen. Nicht lange danach fanden sie auf die gleiche Weise Assan, den ältesten Bruder. Auch er hatte als Hirt gearbeitet und sah erschöpft und abgezehrt aus. Hassen half ihm ebenfalls und nahm ihn mit. Lange Zeit flogen sie so dahin. In der Nähe einer Siedlung wollten sie rasten. Kaum hatte Hassen sich niedergelassen, war er auch schon eingeschlafen.

Assan und Ussen unterhielten sich leise.

„Der Vater hat Hassen immer mehr geliebt als uns", sprachen sie, „und seine Liebe zu ihm wird nun noch stärker werden. Uns aber wird er töten lassen, wenn er erfährt, daß wir die Suche nach dem wunderbaren Vogel aufgegeben haben. Damit wir den Vogel nach Hause bringen können, muß Hassen sterben."

Gedacht, getan. Sie baten den Bruder, Wasser aus dem Brunnen zu holen. Hassen band sich einen Strick um den Leib und stieg in das tiefe Brunnenloch. Da schnitten Assan und Ussen das Seil durch, so daß er hinabstürzte.

Alsbald begannen die beiden um das schöne Mädchen zu streiten, jeder wollte sie für sich haben. Doch die Jungfrau entkam ihnen und floh in die Steppe.

Assan und Ussen machten sich auf den Heimweg und brachten dem Vater den Käfig mit dem wunderbaren Vogel.

„Wo ist euer Bruder?" fragte der Khan.

„Beim Baden im Meer hat ihn ein Haifisch zerrissen", antwortete Assan, und Ussen fügte hinzu: „Wir haben ihn aber gerächt und den Hai getötet."

Mittlerweile war in der goldenen Stadt die Tochter des Riesen erwacht und hatte bemerkt, daß der Vogel verschwunden war. Auf ihrem Bett fand sie den Zettel und wußte nun, daß ein Mensch den Käfig mitgenommen hatte. Sie sammelte ihr Gefolge und brach auf, um den Zaubervogel zu suchen.

Der alte Khan indessen war krank vor Gram, weil er seinen Lieblingssohn verloren hatte, und kümmerte sich lange nicht um den Vogel. Eines Tages aber ließ er ihn vor sich bringen, um zu hören, wie er sang. Das Lied des Vogels klang klagend und traurig. Die Tochter des Riesen vernahm es und erhob sich mit ihrem Gefolge in die Lüfte, um in die Stadt des Khans zu fliegen.

Sie trat vor den Herrscher und sprach: „Zeig mir den unter deinen Söhnen, der dir den wunderbaren Vogel gebracht hat. Ich will mit ihm reden."

Assan und Ussen wurden gerufen, und die Tochter des Riesen sprach: „Erzählt, wie ihr an den Vogel gelangt seid."

„Ganz einfach", entgegnete Assan, „wir kamen in ein Haus, dort sahen wir den Käfig und nahmen ihn mit."

„Das ist gelogen", rief zornig die Tochter des Riesen. „Der Vogel wird mir alles erzählen, und wehe euch, wenn ihr nicht die Wahrheit gesagt habt!"

Da erzählte der Vogel, wie Hassen ihn gebeten habe, mit ihm zu seiner früheren Besitzerin zurückzukehren, und wie er ihm gefolgt sei. Er berichtete auch, wie großmütig sich Hassen seinen Brüdern gegenüber gezeigt hatte, wie sie ihm seine Hilfe übel lohnten und wie das schöne Mädchen vor ihnen geflohen war.

„Ich glaube, sie sind beide noch am Leben, das Mädchen und auch Hassen", schloß er seine Rede.

Die Tochter des Riesen hatte einen Krieger in ihrem Gefolge, der an einem Tag um die Erde fliegen konnte. Den schickte sie los, die Vermißten herbeizuholen. Dann befahl sie, den betrügerischen Brüdern die Köpfe abzuschlagen. Der Khan war nicht dagegen, nachdem er erfahren hatte, wie hinterhältig sie Hassen umzubringen versucht hatten.

Bald kehrte der fliegende Riese mit dem schönen jungen Mädchen und mit Hassen zurück. Die Tochter des Riesen rühmte vor allen Leuten die Tapferkeit des Jünglings. Den wunderbaren Vogel schenkte sie dem Khan.

Aus Dankbarkeit ließ der Herrscher ein Fest veranstalten, das vierzig Tage dauerte und bei dem die Riesen und die Menschen lustig miteinander tanzten und zechten.

Die durchlöcherte Münze

Hodscha war kahlköpfig. Nur an den Schläfen und im Nacken wuchs ihm spärlich das Haar.

Eines Tages ging er zum Friseur und sagte: „Rasiere mich!"

Der Friseur überlegte nicht lange, seifte Hodscha den Schädel ein und schor ihm behutsam das Haar von den Schläfen und aus dem Nacken. Als er mit seiner Arbeit fertig war, sprach der Meister: „Nun bezahle!"

Hodscha gab ihm ein durchlöchertes Geldstück.

„Was soll das heißen?" fragte der Barbier empört. „Die Münze ist ja beschädigt."

Drauf antwortete der gewitzte Hodscha: „Sobald auf meiner Glatze Haare wachsen, bekommst du ein Geldstück ohne Loch."

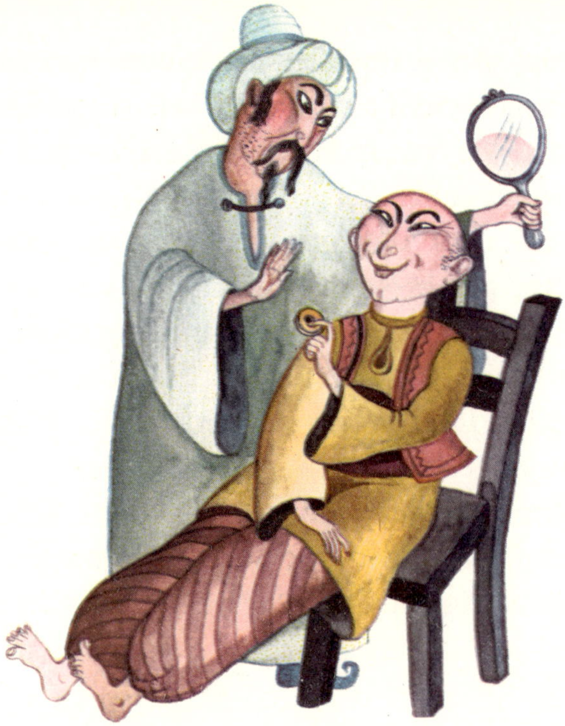

Bekbolat

Es war einmal ein armer Kasache, der hatte vier Söhne. Das Leben der Familie war nicht leicht; oft saß der Hunger mit zu Tische. Einmal kam es soweit, daß der letzte Hammel geschlachtet werden mußte. Der Vater bestimmte die Hälfte des Tiers für das Abendessen. Die andere Hälfte ließen sie für den kommenden Tag, und zwar sollte der sie verspeisen dürfen, der in der Nacht den schönsten Traum hätte.

Am Morgen mußte jeder erzählen, was ihm geträumt hatte.

Der älteste Sohn sprach: „Ich habe eine riesige Hammelherde geweidet, die einem reichen Bei gehörte."

„Ich hingegen errang beim Pferderennen den ersten Preis", prahlte der zweite Sohn.

„Und ich hielt Hochzeit mit der Tochter des Khans", rief voll Stolz der dritte.

„Ich ebenfalls", sagte der vierte Sohn, der Bekbolat hieß. „Ja, ich wurde sogar selbst ein Khan und habe euch besucht, aber ihr wart arm und hungrig wie zuvor."

Der Vater war über diesen Traum so ergrimmt, daß er Bekbolat aus dem Haus jagte.

Darauf erzählte die Mutter, wie sie im Traum ein Schaf gemolken habe, und der Vater berichtete: „Zu mir ist ein geflügeltes weißes Pferd gekommen, mit dem ich hoch in den Himmel flog."

Der Vater hielt seinen Traum für den besten, die Mutter und die drei Söhne stimmten ihm zu, und so aß er das übrige Hammelfleisch.

Bekbolat lief indessen durch die Steppe, von einem Aul zum andern. Eines Tages kam er zu einer Jurte und hörte eine Frau klagen: „Wenn ich schon keine Kinder bekomme, könnte uns Allah doch wenigstens ein Waisenkind schikken!"

Bekbolat trat ein, die alten Leute bewirteten ihn mit Brot und Kumys und fragten nach dem Woher und Wohin.

„Ich habe nicht Vater noch Mutter", sprach Bekbolat, „deshalb gehe ich von Haus zu Haus und bitte um Almosen."

Der Alte und seine Frau schauten einander mit glänzenden Augen an.

„Dich hat Allah gesandt!" rief der Mann. Und die Alte umarmte den Jüngling und sprach: „Bleibe bei uns, sei unser Sohn!"

So blieb Bekbolat, half dem Alten beim Weiden der Schafe

und angelte mit ihm. Eines Tages saß der Junge am Flußufer, da merkte er plötzlich, daß ein großer Fisch am Haken hing. Er versuchte ihn aus dem Wasser zu ziehen, aber es gelang ihm nicht. Da rief er die beiden Alten zu Hilfe. Sie eilten herbei und packten zu. Aber soviel die drei sich auch mühten, den Fisch an Land zu bringen, sie schafften es nicht.

„Halt ihn fest!" rief der Mann. „Ich hole die Nachbarn." Zu seiner Frau sagte er: „Und du geh nach Hause, bereite das Abendessen."

Kaum waren die beiden fort, als ein riesiger Fisch aus dem Wasser tauchte und mit menschlicher Stimme sprach: „Laß mich frei, Bekbolat; ich will es dir nie vergessen. Sollte es dir schlecht ergehen, so komme ich und helfe dir."

„Wie willst du das machen?" sagte Bekbolat. „Du schwimmst davon, und ich finde dich nie wieder."

„Hier ist eine meiner Schuppen", antwortete der Fisch. „Wenn du mich brauchst, zünde sie an, dann bin ich gleich bei dir."

Bekbolat nahm die Schuppe und ließ den Fisch frei.

Gleich danach eilte der Alte mit einigen Männern aus dem Dorf herbei. Sie wollten Bekbolat helfen, die Beute aus dem Wasser zu hieven. Als der Alte sah, daß der Fisch nicht mehr an der Schnur hing, geriet er in heftigen Zorn und verprügelte Bekbolat.

„So einen Dummkopf kann ich in meiner Wirtschaft nicht gebrauchen!“ schrie er und jagte den Jungen fort.

Wieder zog Bekbolat von Aul zu Aul. Unterwegs begegnete ihm ein kleines, goldglänzendes Kamel, das bat: „Rette mich vor dem Wolf, der hinter mir her ist. Ich will es dir nie vergessen. Sollte es dir schlecht ergehen, so komme ich und helfe dir.“

Der Jüngling erschlug den Wolf. Das Kamel dankte ihm und sprach: „Hier ist ein Härchen aus meinem Fell. Wenn du mich brauchst, zünde es an, dann bin ich gleich bei dir.“

Weiter wanderte Bekbolat durch die Steppe. Da sah er zwei junge Adler fliegen. Sie wurden von dem riesigen Vogel Bidajik verfolgt. Die Adler riefen: „Rette uns! Wir werden es dir nie vergessen. Sollte es dir schlecht ergehen, so kommen wir, dir zu helfen.“

Bekbolat erlegte den Vogel Bidajik. Froh sprachen die Adler: „Wir geben dir zwei unserer Federn. Wenn du uns brauchst, zünde sie an, alsbald sind wir gleich da.“

Bekbolat wanderte weiter, da hielt ihn ein Fuchs auf. „Der Königsadler ist hinter mir her, rette mich! Ich will es dir nie vergessen. Sollte es dir einmal schlecht ergehen, so komme ich und helfe dir.“

Bekbolat bewahrte den Fuchs vor den Krallen des Königsadlers, der aber sprach: „Ich schenke dir ein Haar aus meinem Pelz. Wenn du mich brauchst, zünde es an, und gleich bin ich bei dir.“

Nach Wochen stieß der Jüngling wieder auf einen Aul. Dort lebten in einer Jurte zwei alte Leute ohne Kinder. Bekbolat gefiel ihnen, und sie nahmen ihn bei sich auf.

Nun ging in der Steppe das Gerücht um, daß die Tochter des Khans Akbysau, die schöne Kara-aju, ohne Brautgeld heiraten wollte. Bekbolat erkundigte sich bei den Hirten, und sie bestätigten es ihm. Allerdings stellte Kara-aju eine Bedingung: Ihr Freier mußte sich dreimal verstecken, und wenigstens einmal davon durfte sie ihn nicht finden. Entdeckte sie ihn auch das dritte Mal, so ließe sie ihm den Kopf abschlagen.

Schon viele junge Männer hatten ihr Glück versucht, und bis jetzt waren alle um ihren Kopf gekommen. Nun ging Bekbolat zum Schloß des Khans und trat vor die schöne Kara-aju.

Das Mädchen wiederholte ihre Bedingung und schloß mit den Worten: „Finde ich dich auch das dritte Mal, so lasse ich dich köpfen."

„Einverstanden", antwortete Bekbolat. „Aber gestatte mir, daß ich mich nicht nur dreimal, sondern viermal verstecken darf."

Dagegen hatte Kara-aju nichts einzuwenden.

Bekbolat trat aus dem Schloß und zündete das Kamelhaar an. Alsbald erschien vor ihm das kleine Kamel. Der Jüngling bat: „Verstecke mich so, daß mich Kara-aju nicht sieht."

„Setz dich auf meinen Rücken!" sprach das Kamel, dann lief es los und rannte bis ans Ende der Welt. Dort verbarg sich Bekbolat in einem finsteren Wald.

Aber die schöne Kara-aju rief: „Ich sehe dich. Du sitzt in dem Wald am Ende der Welt unter einem Baum."

Der Jüngling versuchte sein Glück zum zweiten Mal. Er brannte die Adlerfeder an, und im Handumdrehen kamen die zwei jungen Adler geflogen. Sie nahmen Bekbolat auf die Flügel und schwangen sich durch sechs Himmel hinauf bis zum siebenten. Doch schon vernahm er die Stimme der schönen Kara-aju: „Komm herab, Bekbolat, auch im siebenten Himmel habe ich dich gefunden."

Als nächstes nahm Bekbolat die Fischschuppe und hielt sie ins Feuer. Augenblicklich erschien der Fisch, und der Jüngling trug seine Bitte vor. Da verschluckte ihn der Fisch und schwamm mit ihm hinaus auf den Ozean, wo er untertauchte und sich am Meeresgrund hinter einem großen Stein versteckte.

Kara-aju aber hatte den Freier auch hier entdeckt. „Komm zurück", rief sie, „du sitzt in einem Fisch!"

Bekbolat ließ den Kopf hängen, denn er sah seinen Tod vor Augen. Mittels des Haares rief er den Fuchs herbei und erzählte ihm seinen Kummer. Zum Schluß sagte er: „Nur du kannst mich davor retten, geköpft zu werden."

„Keine Angst", sprach der Fuchs, „wir werden Kara-aju schon überlisten. Wenn du dich versteckt hast, wird sie rufen: Bekbolat, ich kann dich nicht sehen! Dann bleib ganz still. Sagt sie aber: Eine große Höhle erstreckt sich von West nach Ost, aber auch darin suche ich dich vergebens, so antworte und komm hervor."

Als der Fuchs so gesprochen hatte, grub er eine riesige Höhle, die begann, wo die Sonne sinkt, und endete, wo sie aufgeht. Bekbolat begab sich in der Höhle genau an die Stelle, wo im Schloß über ihnen der Thron der schönen Kara-aju stand.

„Hier bleibst du und rührst dich nicht", sagte der Fuchs und verließ ihn.

Die Khanstochter suchte ihren Freier an allen Ecken und Enden der Welt, aber ohne Erfolg.

„Bekbolat, ich kann dich nicht sehen!"

Der Jüngling schwieg.

„Bekbolat, wo bist du? Ich sehe dich nicht!" wiederholte Kara-aju.

Wieder blieb es still.

Nun rief sie: „Eine große Höhle erstreckt sich von West nach Ost, aber auch darin suche ich dich vergebens."

„Gerade hier aber war ich versteckt", antwortete der Jüngling, verließ die Höhle und trat vor die Tochter des Khans. Das schöne Mädchen hatte aus Stolz noch nie unter die eigenen Füße geschaut. Darum hatte es den Freier auch nicht entdecken können.

So fand nun die Hochzeit zwischen Kara-aju und Bekbolat statt, der damit zum Khan des Landes wurde. Nicht lange danach besuchte Bekbolat seine Familie. Er sprach zu seinem Vater: „Siehst du, mein Traum hat sich erfüllt."

„Eigentlich war es ja auch der beste von allen", sagte der Alte. „Du hättest damals das Fleisch bekommen müssen."

Der Vater war mit seinem Sohn zufrieden. Bekbolats Brüder heirateten nach und nach auch schöne junge Mädchen. Sie alle lebten im Schloß zusammen mit Bekbolat, der als Khan beim Volke beliebt war, weil er klug und gerecht regierte.

Wer soll der Kuh zu fressen geben?

Es ist lange her, da lebten der alte, schwache It-ajak und seine Frau Schujke. Sie hatten eine Kuh, die war nicht weniger altersschwach und gebrechlich als ihre Besitzer.

An einem eisigkalten Tag forderte der Mann Schujke auf, die Kuh zu füttern.

Die Alte murrte.

„Draußen ist klirrender Frost. Da bleibe ich lieber im Haus. Bring du der Kuh das Heu."

„Ich bin der Ältere!" rief der Mann empört. „Geh du, ich bleibe im Warmen."

So stritten sie hin und her. Keiner wollte bei dieser Kälte die warme Hütte verlassen. Weil sie sich nicht einigen konnten, entschieden sie, daß derjenige der Kuh Futter geben solle, der das nächste Wort sprach.

Listig, wie die Alte war, rief sie den Nachbarn zu sich, der im ganzen Aul als Spaßmacher bekannt war. Sie beschwatzte ihn, ihren Mann zum Sprechen zu bringen.

„Guten Tag, It-ajak!" grüßte der Nachbar.

Keine Antwort.

„Warum sagst du nichts? Bist du krank?"

Der Alte bewahrte hartnäckiges Schweigen.

Der Besucher kitzelte und kniff ihn, aber It-ajak blieb stumm wie ein Fisch.

Da rasierte der andere dem Alten alle Haare ab, sogar die Augenbrauen, und beschmierte ihm das Gesicht mit Ruß, alles ohne Erfolg. It-ajak brachte keinen Ton über die Lippen. Der Spaßmacher ging in den angrenzenden Raum, wo die Alte saß.

„Es ist alles in Ordnung, Schujke. It-ajak erwartet dich."

Die Alte eilte zu ihrem Mann, und als sie ihn so dasitzen sah, kahl und rußgeschwärzt, begann sie zu jammern: „Mein Liebster, mein armer Alter, mein Ernährer, was ist mit dir geschehen?"

It-ajak lächelte zufrieden.

„Nun geh schon und füttre die Kuh, Alte."

Das geflügelte Pferd

Es lebte mal ein Mulla, ein Richter, dessen Hausknecht hieß Öteshan. Eines Tages sprach der Mulla zu Öteshan: „Arbeite fleißig, der Tag wird kommen, an dem ich dich reich belohne. Bis dahin aber frage mich nicht nach Geld. Was ich verspreche, halte ich."

Ein Jahr lang rackerte Öteshan von früh bis spät, ohne sich zu schonen. Dann ließ ihn sein Herr vor sich rufen.

„Ich bin mit dir zufrieden, Öteshan", sprach er. „Hier ist dein Lohn." Und er reichte Öteshan den Kern einer Zuckermelone.

Verwundert betrachtete der Hausknecht den Kern.

„Ist das ein Scherz?" fragte er. „Das ganze Jahr habe ich bis spät in die Nacht für dich gearbeitet, und das soll der Lohn dafür sein?"

„Wie dumm du doch bist", antwortete der Richter. „Paß auf: Du wirst diesen Kern pflanzen, und im Herbst erntest du eine Frucht, die hundert Kerne hat. Die Kerne bringst du im nächsten Frühjahr in die Erde. Im Herbst darauf wirst du hundert Melonen mit je hundert Kernen besitzen. Heute in zehn Jahren bist du der reichste Mann in der Steppe."

Öteshan sah, daß nichts zu machen war, knirschte mit den Zähnen und verließ das Haus des Richters. Noch am selben Tag pflanzte er den Kern. Bald zeigten sich zarte Triebe. Öteshan pflegte die Pflanze, an der innerhalb weniger Monate eine wohlriechende Zuckermelone wuchs.

Die Melone wurde reif. Öteshan beschloß, sie zu verkaufen. Auf dem Wege zum Markt begegnete ihm ein Bei.

„Wo willst du hin?" fragte er Öteshan.

„Zum Markt."

„Und was willst du verkaufen?" fragte der Bei.

Was für ein Dummkopf, dachte der Bursche. Sieht er nicht, was ich in den Händen trage? Vielleicht bringe ich ihn dazu, mir die Melone abzunehmen. Er zeigte auf die Frucht und sprach: „Mein Vater besitzt ein geflügeltes Pferd, das hat ein Ei gelegt. In Kürze wird ein fliegendes Fohlen ausschlüpfen. Vielleicht finde ich auf dem Markt einen Käufer für das Ei."

Die Augen des Beis blitzten.

„Verkauf es mir!"

„Ich fürchte", antwortete Öteshan, „du kannst es nicht bezahlen."

„Was soll es denn kosten?"

„In der Stadt würde man mir hundert Goldmünzen dafür geben", sagte der Bursche. „Weil du mir gefällst, will ich es dir für fünfzig überlassen."

Der Bei freute sich und zahlte dem Knecht fünfzig goldene Münzen auf die Hand.

Öteshan überließ ihm die Melone und mahnte: „Sei vorsichtig, damit das Ei unterwegs nicht zerbricht."

Um schnell nach Hause zu kommen, wählte der Bei den Weg über die Berge. Auf dem steinigen Paß stolperte er plötzlich, und die Melone fiel zu Boden. Sie rollte den Hang hinab, sprang mitten in ein Gebüsch und barst in tausend Stücke. Ein Hase, der in dem Gebüsch schlief, bekam einen furchtbaren Schreck und rannte davon, so schnell er konnte. Der Bei schaute ihm nach und dachte: Nun ist das Fohlen ausgeschlüpft!

„Fohlen! Fohlen!" rief er. „Warte auf mich!"

Der Hase aber rannte weiter. Schreiend verfolgte ihn der Bei. Aber je lauter er schrie, um so schneller lief der Gejagte. Bald war er nicht mehr zu sehen.

Niedergeschlagen kehrte der Bei nach Hause zurück und

erzählte seiner Frau das Unglück. Die begann zu schimpfen: „O du Schlafmütze! Läßt ein fliegendes Fohlen entwischen! Alle Nachbarn wären vor Neid zersprungen, wenn du das Wundertier mit nach Hause gebracht hättest."

Um das Gezänk seiner Frau nicht länger anhören zu müssen, legte sich der Bei zu Bett. Aber er fand die ganze Nacht keinen Schlaf. Gleich früh am Morgen bestieg er sein Pferd und ritt in die Steppe hinaus, um das geflügelte Fohlen ausfindig zu machen.

Indessen war Öteshan in seinen Aul zurückgekehrt und hatte seiner Frau berichtet, wie günstig er die Melone verkauft hatte. Die Frau erzählte die Geschichte einer Freundin, und wie das so ist: Was zwei Frauen wissen, weiß bald das ganze Dorf, und was im Dorf bekannt ist, erzählt man sich bald in der Stadt.

So kam es, daß auch der Mulla die Geschichte erfuhr. Alsbald ließ er Öteshan zu sich kommen und sprach: „Du hast fünfzig goldene Münzen für den Melonenkern erhalten. Gib mir meinen Anteil."

„Höre ich richtig?" rief Öteshan. „Der Kern war der Lohn für meine Arbeit, also gehört er mir und nicht dir."

„Ganz recht", entgegnete der Mulla, „aber die Erde, auf der die Melone gewachsen ist, gehört mir. Also mußt du mir fünfundzwanzig goldene Münzen ablassen." Im Volksmund heißt es: Eher hebst du einen Berg in die Höhe, als den Streit mit einem Mulla zu gewinnen. Was blieb Öteshan übrig? Zornig warf er dem Richter die Münzen vor die Füße.

„Soll dir das Geld im Hals steckenbleiben! Eines Tages holt dich für deine Habgier der Teufel. Dann magst du dich an meine Worte erinnern!"

Als Öteshan die Jurte des Mullas verließ, stand der Bei vor ihm, dem er die Melone verkauft hatte.

„Lieber Öteshan, hilf mir, ich bin in die Klemme geraten."

„Was ist geschehen?" fragte Öteshan.

„Das Ei des geflügelten Pferdes ist mir aus der Hand gefallen, und das Fohlen ist davongelaufen. Weißt du nicht, wo ich es finden kann?"

„In dieser Jurte", sprach Öteshan. „Aber du wirst es nicht wiedererkennen. Es hat sich einen Bart wachsen lassen, und auf dem Kopf trägt es einen weißen Turban."

Der Bei betrat die Jurte und erblickte den Mulla, der auf allen vieren umherkroch, um die Münzen einzusammeln.

„Hier also bist du", rief der Bei. „Und ich habe dich überall gesucht. Jetzt bleibst du aber bei mir!"

Der Bei versuchte den Mulla aus der Jurte zu ziehen. Der wehrte sich mit Händen und Füßen. Da griff der Bei zur Peitsche.

„Komm mit, Pferdchen, komm mit!"

„Laß mich los, Satan!" schrie der Mulla. Er glaubte nicht anders, als daß der Teufel, den Öteshan ihm vor wenigen Minuten vorausgesagt hatte, ihn holen wolle.

Das Geschrei lockte alle Nachbarn herbei. Sie hielten sich den Bauch vor Lachen. Am meisten aber lachte Öteshan.

Der Freigebige und der Geizhals

Es lebten einmal zwei Freunde. Der eine war freigebig, der andere knausrig.

Eines Tages machten sich die beiden auf den Weg, um durch die Welt zu wandern. Bei jeder Rast teilte der Freigebige sein Brot, Salz und Wasser mit dem Freund. So kam es, daß er selbst bald nichts mehr hatte. Da bat er den andern um ein Stückchen Brot. Der aber lachte und antwortete: „Brot? Von mir? Nein. Dann würde es mir ja ebenso ergehen wie dir."

Nach einigen Tagen war der Freigebige vor Hunger so schwach, daß er nicht mehr weiter konnte. An einer Höhle blieb er zurück und ließ den Knausrigen allein weiterziehen. In seiner Not aß der Erschöpfte alles, was er fand. Er kaute auch einen Grashalm. Da konnte er plötzlich die Sprache der Tiere und Pflanzen verstehen.

Gegen Abend trafen sich in der Höhle ein Rabe, ein Wolf und ein Fuchs. Sie unterhielten sich, was sie an diesem Tag gefressen hatten.

„Ich konnte bis jetzt nicht den kleinsten Bissen finden", quarrte der Rabe.

Da sagte der Fuchs: „Seht ihr den Baum vor der Höhle? Unter ihm wohnt eine Maus, die spielt mit goldenen Münzen, und wenn sie die Geldstücke ansieht, wird sie sofort satt."

Der Wolf zeigte in Richtung der Berge und sprach: „Dort wohnt ein reicher Bei, der tausend Hammel sein eigen nennt. Bei ihm stille ich täglich meinen Hunger. Dieser Bei hat auch eine Ziege, die Gold wert ist. Wenn man sie schlachtet und ihren Kopf kocht und einem Blinden zu essen gibt, erhält er das Augenlicht zurück."

„Das ist noch gar nichts!" prahlte der Fuchs. „Ich weiß einen Baum, unter dem sind Schätze vergraben, die ehemals sieben Zaren gehörten."

Als die Tiere am Morgen die Höhle verlassen hatten, suchte der Freigebige das Mauseloch und grub die Münzen aus. Damit ritt er augenblicklich zu dem reichen Bei und kaufte ihm die Ziege ab. Er eilte mit dem Tier zum Zaren, der eine blinde Tochter hatte.

„Ich kann deiner Tochter das Augenlicht wiedergeben", sprach er zu dem Herrscher. Er kochte den Kopf der Ziege und setzte ihn dem Mädchen vor. Von Stund an konnte sie wieder sehen.

Der Zar war darüber so glücklich, daß er die Prinzessin dem Jüngling, der zudem die Schätze der sieben Zaren gehoben hatte, zur Frau gab. Die beiden heirateten und wurden sehr glücklich miteinander.

Eines Tages begegnete der junge Zar seinem ehemaligen Freund. Der Geizhals sah hungrig und zerlumpt aus.

„Wie ist es dir gelungen, so reich zu werden?" fragte er den Freigebigen, und der erzählte ihm seine Geschichte. Da machte sich der Knausrige auf und begab sich in die Höhle. Dort versteckte er sich und wartete auf die Nacht.

Gegen Abend kamen der Rabe, der Wolf und der Fuchs am gleichen Ort zusammen. Der Fuchs sagte: „Irgend jemand hat damals unser Gespräch belauscht und kennt unsere Geheimnisse. Wir müssen vorsichtig sein. Ich schlage vor, die Höhle zu durchsuchen." In der hintersten Ecke entdeckten die Tiere eine Gestalt.

„Hier ist ein Mensch!"

Der Wolf sprang herbei, packte den Geizhals und zerriß ihn.

Von der armen Künsche, die ihren Sohn verloren hatte

Es lebte einmal eine arme Witwe mit Namen Künsche. Sie hatte es nicht leicht, denn seit ihr Mann gestorben war, mangelte es ihr am Nötigsten.

Die einzige Freude der Frau war ein kleiner Sohn. Wenn er ihr zulächelte, war sie glücklich und zufrieden. Doch wie das Sprichwort sagt: Ein Unglück kommt selten allein. Als Künsche eines Morgens aufwachte, stand die Wiege leer in der Jurte. Das Söhnchen war spurlos verschwunden.

Künsche lief auf die Straße. Wie ein verwundeter Vogel taumelte sie hin und her und fragte jeden, der ihr begegnete: „Hast du meinen Sohn nicht gesehen? Hilf mir, mein Söhnchen zu finden!“

Angesichts ihres Leids blieb niemand gleichgültig. Alle wollten der armen Witwe helfen. Die jungen Männer ritten durch die weite Steppe und suchten den Jungen. Die Aksakale, alte, weise Männer, berieten die ganze Nacht, kamen aber zu keiner Lösung. Die Frauen des Auls gingen jeden Morgen zur Künsche, um sie zu trösten. Doch fiel es ihnen schwer, das rechte Wort für die Unglückliche zu finden, die ihren Sohn verloren hatte.

Tagelang saß Künsche zu Hause, aß nicht und trank nicht. Sie wurde grau im Gesicht und weiß auf dem Kopf. Bis in die letzte Jurte des Auls waren ihre Klagen zu hören.

Vier Jahre waren vergangen, da gab ein Mann Künsche den Rat, den weisen Tolybei aufzusuchen.

„Tolybei versteht nicht nur die Sprache der Tiere und Vögel", sagte er, „auch die Gedanken der Menschen kann er erraten. Er müßte wissen, wo dein Söhnchen zu finden ist."

Die Mutter sattelte das rothaarige Pferd, das schon ihrem Mann als Reittier gedient hatte, und jagte hinaus in die Steppe. Tagelang saß sie im Sattel und glich am Ende nur noch einem Schatten. Aber auch das Roß war so erschöpft, daß es keinen Schritt mehr machen konnte. Das ist mein Ende, dachte die verzweifelte Frau. Da entdeckte sie plötzlich am Horizont eine Jurte. Mit letzter Kraft ritt sie darauf zu. Die Behausung sah sehr alt aus. Ihr Besitzer mußte noch

älter sein. Er trug einen langen, weißen Bart. Durch die Löcher seines fadenscheinigen Mantels war die magere, knochige Gestalt zu sehen. Tolybei hieß Künsche freundlich willkommen.

„Ich warte schon lange auf dich, meine Tochter", sprach er. „Vor einigen Tagen brachten mir die Schwalben Nachricht, daß du auf dem Weg zu mir bist. Welches Unglück hat dich getroffen? Was trieb dich hierher?"

„Ich habe meinen Sohn verloren, die einzige Freude meines Lebens", antwortete die Witwe. „Sag mir, Vater Tolybei, wo ich ihn finden kann."

Als Künsche ausgesprochen hatte, fiel sie in eine tiefe Ohnmacht. Tolybei pfiff wie ein Vogel. Alsbald flogen einige Schwalben herbei, die trugen frisches, klares Quellwasser im Schnabel und besprengten damit das Gesicht der armen Frau. Da kam sie wieder zu sich.

Nun schickte Tolybei die Schwalben in den Aul der Künsche. Am späten Abend kehrten sie zurück und trugen eine winzige Maus, nicht größer als ein Finger.

„Weißt du, wo der Sohn der Witwe Künsche ist?" fragte der Alte die Maus.

Das Tierchen antwortete: „Die Hexe Aisharyk mit den Glotzaugen hat ihn gestohlen."

Tolybei pfiff zum zweiten Mal. Zwei kräftige Königsadler kamen geflogen und ließen sich auf seinen Schultern nieder.

„Holt die glotzäugige Hexe Aisharyk mit dem Kind hierher!" befahl der Weise.

Am Morgen darauf brachten die Adler die häßliche Alte und den Jungen auf ihren Schwingen herbei. Das Kind war von zarter Gestalt. Seine Haut war weiß wie der Schnee auf den Bergen. Mit großen Augen schaute es auf den bärtigen

Tolybei, dann auf die Zaubervögel und zuletzt auf Künsche und streckte der Mutter lächelnd die Händchen entgegen.

„Gib ihr das Kind zurück!“ gebot Tolybei.

Aber Aisharyk preßte den Jungen an sich.

„Bist du verrückt“, schrie sie. „Er gehört mir, ich will ihn behalten!“

„Mein Sohn ist es!“ rief Künsche und griff nach dem Kleinen.

„Wenn ihr euch nicht einigen könnt“, sprach da Tolybei, „soll jede von euch die Hälfte des Kindes bekommen.“ Er packte seine Streitaxt und ging auf den Jungen zu.

Aisharyk sah gleichgültig zu und sagte: „So wäre es am besten. Deine Entscheidung, Tolybei, ist klug und gerecht.“

Die Künsche aber begann zu weinen und zu schreien. Sie warf sich dem Alten entgegen und rief: „Verschone das unschuldige Kind! Es ist meins, wenn es aber um sein Leben geht, so mag es bei Aisharyk bleiben.“

Tolybei hatte schon vorher nicht gezweifelt, daß Künsche die wahre Mutter des Kleinen sei. Nach dieser Probe sagte er zu Aisharyk: „Du hast anstelle des Herzens einen Stein in der Brust!“ Er sprach eine Zauberformel und verwandelte die Hexe in grauen Fels.

Glücklich umarmte die Witwe ihr Kind.

Auf den Flügeln der Königsadler flogen die beiden nach Hause zurück.

In der Steppe steht noch heute ein Stein, der die Gestalt eines Menschen hat.

Die Vorübergehenden sagen: Das ist die böse Aisharyk mit den Glotzaugen, die vom weisen Tolybei ihre verdiente Strafe bekam.

Der Wundermantel des Aldar-Kösse

Draußen war es bitter kalt. Aldar-Kösse war in der Steppe unterwegs. Er trug nur einen durchlöcherten Pelz und fror jämmerlich. Seine Nase hatte sich blau gefärbt. Kalte Schauer liefen ihm über den Rücken. Er träumte von seiner warmen Jurte. Aber der Weg, der ihm bevorstand, war noch weit und sein altes Pferd so mager und müde, daß es nur langsam vorankam.

„Mit mir geht es zu Ende", klagte Aldar-Kösse.

Mit einem Mal sah er einen Reiter nahen. Sein Pferd trabte zügig dahin. Aldar-Kösse vermutete, daß es sich um einen reichen Bei handle. Alsbald schlug er seinen löchrigen Mantel zurück und begann ein lustiges Lied zu singen.

Die Reiter begrüßten einander. Der Bei hatte einen dicken neuen Fuchspelz auf dem Leib. Weil es aber Stein und Bein

fror, fröstelte ihn selbst in dem warmen Mantel. Aldar-Kösse aber tat, als wäre ihm heiß.

„Frierst du nicht?" fragte verwundert der Bei.

Der listige Aldar-Kösse verneinte.

„Ich habe einen wunderbaren Pelz, der mich vor jedem Frost schützt."

„Er hat doch aber Loch an Loch", entgegnete der Bei. „Wie kann er dich da warmhalten?"

„Das ist ja gerade das Geheimnis", sagte Aldar-Kösse. „Durch das eine Loch kommt die Kälte herein, durch das andere fliegt sie wieder hinaus, und so bin ich vor ihr sicher." Diesen Mantel muß ich haben, nahm sich der Bei vor. Aldar-Kösse aber dachte: In dem Fuchspelz wäre mir bestimmt nicht mehr kalt.

„Verkauf mir deinen Mantel", sagte der Bei.

„Das geht nicht", erwiderte Aldar-Kösse. „Dann würde ich ja frieren wie du."

„Du bekommst dafür meinen Fuchspelz", sprach der Bei. „Er hält schön warm." „Nein, nein!" rief Aldar-Kösse. „Mein Pelz war sehr teuer."

„Ich gebe dir außerdem noch Geld", sagte der andere.

„Geld brauche ich nicht", erklärte Aldar-Kösse mit gleichgültiger Miene. „Schlage noch dein Pferd dazu, dann dürfte der Tausch gerecht sein."

Der Bei war es zufrieden. Er überließ Aldar-Kösse Pelz und Pferd und zog den durchlöcherten Mantel an.

Aldar-Kösse hüllte sich in das warme Fuchsfell, stieg in den Sattel und trabte munter von dannen.

Zu Hause angekommen, erzählte er seinen Nachbarn von dem Tauschgeschäft. Noch lange lachten sie über die Dummheit des Beis.

Der Streit der Brüder und die Entscheidung des alten Schujute

Es war einmal ein reicher Kasache, der hatte drei Söhne. Als er alt und grau geworden war, sprach er zu ihnen: „Ich werde bald sterben und hinterlasse euch eine Menge Geld, Gold und Vieh. Teilt das Erbe gerecht und verwendet es weise."

Kurz darauf starb der Mann. Die Söhne teilten die Hinterlassenschaft. Jeder bekam seinen Anteil.

Der Älteste kaufte sich für sein Geld einen Zauberspiegel, darin konnte man alles sehen, was in der Welt vor sich ging.

Der mittlere Sohn erhandelte von einem Zauberer eine Medizin, die Kranke gesund und Tote wieder lebendig machte.

Der jüngste Bruder war ein guter Reiter. Er erwarb ein Kamel, schnell wie ein Pfeil. Es wurde Shelmaja gerufen.

Wieder zu Hause angekommen, zeigten die Brüder einander ihre Einkäufe. Der Älteste führte seinen Spiegel vor. Sie schauten hinein und erblickten weit hinter Berg und Tal im Schloß eines reichen Khans dessen schöne Tochter, die an einer schlimmen Krankheit litt.

Augenblicklich sattelten die Brüder das pfeilschnelle Kamel und ritten in jene Stadt. Mittels der Medizin gelang es dem mittleren Bruder, das Mädchen zu heilen. Tochter und Vater waren überglücklich, und der Khan sprach: „Wer von euch die Prinzessin gesund gemacht hat, soll sie zur Frau bekommen."

Da begannen die Brüder zu streiten.

„Durch meinen Spiegel haben wir von ihrer Krankheit erfahren", sprach der Älteste.

„Gewiß, der Spiegel hat gezeigt, daß sie krank ist", wider-

sprach der Mittlere, „geheilt aber habe ich sie mit meiner Medizin."

Da rief der jüngste Bruder: „Wenn wir Shelmaja nicht gehabt hätten, wäre das Mädchen gestorben. Deshalb gehört sie mir."

Der Khan, der zugehört hatte, gab den drei Männern den Rat, zu Schujute zu gehen.

„Er ist ein weiser Mann", sagte er, „und mag entscheiden, wer von euch mein Schwiegersohn werden soll."

Schujute hörte sich den Streitfall an und sprach zu dem Ältesten: „Dein Spiegel hat zwar gezeigt, daß die Tochter des Khans krank ist, aber gerettet hat er sie nicht. Mond und Sonne kann auch jedermann sehen, keiner aber vermag sie vom Himmel zu holen."

Nun wandte sich der Weise an den zweiten Bruder: „Dir gehörte zwar die Medizin, die jeden Kranken heilt, aber aus der Ferne hättest du der Tochter des Khans nicht helfen können. Die Medizin mußte erst ins Schloß gebracht werden. Das war nur durch das schnelle Kamel möglich.

Deshalb soll das Mädchen den Besitzer des Kamels heiraten."

So geschah es. Der jüngste Bruder nahm die schöne Tochter des Khans zur Frau. Die anderen beiden Brüder lebten einträchtig mit dem Paar im Schloß zusammen.

Der wunderbare Garten

Es lebten einmal zwei Freunde mit Namen Assan und Hassen. Beide waren sehr arm. Assan ernährte sich von den Früchten eines Fleckchens Land, das er Jahr für Jahr bestellte. Hassen besaß ein paar Schafe.

Beider Frauen waren gestorben. Assan hatte eine schöne, liebevolle Tochter, Hassen einen tüchtigen Sohn.

Eines Tages geschah es, daß Hassens Schafe durch eine Seuche dahingerafft wurden. Traurig ritt er zu dem Freund und klagte ihm seine Not.

Assan beruhigte ihn.

„Dir gehört nicht nur die Hälfte meines Herzens", sagte er, „sondern auch alles, was ich besitze. Wir wollen meinen Acker teilen. Bearbeite dein Stück und vergiß das Unglück."

Eines Tages stieß Hassen bei der Feldarbeit auf einen harten Gegenstand. Er grub tiefer und fand eine Truhe, die mit Gold und Edelsteinen gefüllt war. Hassen hob den Schatz aus der Erde und trug ihn zu Assan: „Sieh, das Glück hat uns nicht verlassen. Diese Truhe habe ich auf deinem Acker ausgegraben, sie gehört dir."

„Ich schätze deine Ehrlichkeit", sprach lächelnd Assan, „aber die Truhe gehört dir; denn ich habe dir das Fleckchen

Land geschenkt, auf dem du sie fandest. Nimm den Schatz und kauf dir eine Schafherde." Hassen lehnte ab, und so stritten die Freunde hin und her.

Schließlich meinte Assan: „Du hast einen Sohn, ich eine Tochter, und die beiden lieben einander. Verheiraten wir sie und geben ihnen die Truhe."

Sie teilten den Kindern ihre Entscheidung mit. Die Hochzeit wurde gefeiert; nach dem Fest aber traten die Jungvermählten vor ihre Väter und brachten ihnen die Truhe zurück.

„Wir brauchen sie nicht", sprachen sie. „Unsere Liebe ist wertvoller als alle Schätze der Erde."

Noch einmal entbrannte der Streit um die Truhe, und es kam zu keiner Einigung. Da entschlossen sich die Alten und die Jungen, gemeinsam einen weisen Mann aufzusuchen. Sie sattelten die Pferde und brachen auf. Einige Tage und Nächte ritten sie durch die Steppe, dann gelangten sie zu der Jurte des Weisen. Sie traten ein, verbeugten sich vor dem Greis und trugen ihm ihre Frage vor. Schweigend und nachdenklich hörte der Alte zu. Ihm zur Seite saßen seine Schüler. Auch sie überlegten, wie den Fremden zu raten sei.

Nach einer Weile wandte sich der Weise an die Schüler und forderte sie der Reihe nach auf, ihren Vorschlag zur Lösung des Falles vorzutragen.

Der erste Schüler sagte: „Ich empfehle, die Truhe dem Khan zu übergeben, denn er ist Herr über alle Reichtümer der Welt."

Der Greis zog die Brauen zusammen, sagte aber nichts.

Da sprach der zweite Schüler: „Wenn ihr die Truhe mir übergebt, dann braucht ihr euch nicht mehr zu streiten."

Stirnrunzelnd hatte der Alte zugehört. Nun blickte er den dritten Schüler an.

1000

„Wenn keiner die Truhe haben will, sollte man sie wieder vergraben“, sprach dieser.

Der Blick des klugen Lehrers wurde finster. Er bat den vierten Schüler um seine Meinung.

„Höchst einfach“, sagte der Junge, „ich rate, für die Schätze Samen und Setzlinge zu kaufen und in der Steppe einen großen schattigen Garten anzulegen, in dem arme Leute sich erholen können.“

Der Alte sprang auf und umarmte den Schüler.

„Recht so, mein Sohn! Nimm das Gold, reite in die Stadt und kaufe das beste Pflanzgut. Dann kehre zurück und lege den Garten an.“

Der Junge mußte viele Tage reiten, denn der Weg zur Stadt war weit. Nach der Ankunft begab er sich auf den Markt, wanderte zwischen den Warenständen umher und besah sich alles. Da vernahm er mit einem Mal seltsame Schreie. Er drehte sich um und sah eine Kamelkarawane über den Platz ziehen. Anstelle der Warenballen waren die Lasttiere mit lebenden Vögeln aller Art beladen, wie sie in der Steppe und im Gebirge nisten. Die Vögel waren an den Beinen zusammengebunden, ihre gesträubten Federn sahen wie bunte Stoffetzen aus. Sie schrien so durchdringend, daß kein Mensch gleichgültig daran vorübergehen konnte.

Der Junge verbeugte sich vor dem Karawanbaschi, dem Karawanenführer, und fragte: „Warum müssen die Tiere solche Qualen leiden?“

„Ich habe sie für den Khan gefangen“, antwortete der Mann. „Er schätzt die Suppe, die aus ihrem Fleisch bereitet wird. Fünfhundert goldene Münzen bekomme ich für diese Ladung.“

„Würdest du die Vögel freilassen, wenn ich dir tausend Goldstücke dafür gebe?“ fragte der Junge.

Der Karawanenführer lachte ungläubig und trieb die Kamele vorwärts.

Da öffnete der Schüler des weisen Alten den Beutel und zeigte dem Karawanbaschi seinen Reichtum. Der brachte vor Überraschung kein Wort heraus. So viel Gold hatte er noch nie in seinem Leben gesehen.

„Laß die Vögel frei, und diese Schätze gehören dir", sprach der Junge.

Schnell nahm der Karawanbaschi das Gold und zerschnitt die Stricke, mit denen die Vögel zusammengebunden waren. Alsbald breiteten sie die Flügel aus und erhoben sich in das Blau des Himmels. Der Junge sah ihnen nach und begann vor Freude zu singen. Zufrieden bestieg er sein Pferd und ritt heimwärts. Je näher er aber dem Aul kam, um so bedrückter wurde er. Wer gab mir das Recht, das Gold auf diese Weise zu verwenden? fragte er sich. Was sage ich meinem Lehrer? Was werden die guten Leute denken, die mir ihren Besitz anvertraut haben?

Er warf sich zu Boden und weinte bitterlich. Ermattet schlief er endlich ein. Er schlief lange und hatte einen seltsamen Traum. Ein wunderbarer Vogel kam zu ihm geflogen und sang: „Vergiß deinen Kummer, lieber Junge. Die Vögel werden dir für deine großherzige Tat danken. Erwache, und du sollst etwas erblicken, das dich wieder lachen läßt."

Der Schüler schlug die Augen auf und sah die weite Steppe mit den freigelassenen Vögeln bedeckt. Sie gruben mit ihren Krallen Löcher und ließen aus ihren Schnäbeln weiße Samenkörner hineinfallen. Mit den Flügeln fegten sie die Erde darüber.

Der Junge traute seinen Augen nicht. Grüne Triebe schossen hervor. Sie wurden rasch groß und verwandelten sich im Handumdrehn in stattliche Bäume, an deren Zweigen herrliche Blüten wuchsen. Die Blüten fielen schnell wieder ab und machten goldfarbenen Äpfeln Platz. Unübersehbar war die Zahl der Apfelbäume. Daneben blühten Rosen und Tulpen. Bäche rieselten, in denen Edelsteine aller Art blitzten. Aus allen Himmelsrichtungen klangen fröhliche Vogelstimmen.

So schnell er konnte, ritt der Junge zur Jurte seines Lehrers. Der weise Greis, Assan, Hassen und die anderen Schüler warteten schon auf ihn. Nachdem er erzählt hatte, was geschehen war, begaben sie sich zu dem Garten und bestaunten die Fülle und die Pracht. In der Steppe verbreitete sich die Kunde, und die Menschen kamen von weit her, um das Wunder zu sehen. Als erste erschienen die reichen Leute. Doch es gelang ihnen nicht, den Garten zu betreten, obwohl sie auf alle erdenkliche Weise einzudringen versuchten. Ein fester, unüberwindbarer Zaun verwehrte ihnen den Zugang, und sie mußten unverrichteterdinge abziehen. Anders erging es den Armen. Ihnen stand der Garten allezeit offen. Sie erholten sich im Schatten der Bäume, ihre Kinder pflückten Äpfel und Rosen und erfreuten sich an den Liedern der Vögel.

Viele von ihnen fühlten sich zum ersten Mal in ihrem Leben froh und glücklich. Am glücklichsten aber war der Schüler des weisen Alten.

Vom Wert eines Handwerks

Es war einmal ein Khan mit Namen Hassen. Er hatte einen Sohn, der hieß Idris. Eines Tages ritt Idris durch einen Aul und begegnete einem wunderschönen Mädchen. Das war die

Tochter des armen Bauern Satbaja. Sie wurde Durija genannt, und sie war nicht nur schön, sondern auch klug und stolz. Der Jüngling verliebte sich auf den ersten Blick in sie. Ohne Verzug ritt er zu Satbajas Jurte und sprach: „Gib mir deine Tochter zur Frau. Sie wird mit mir glücklich sein."

Gelassen antwortete der Bauer: „Durija mag entscheiden, ob sie dich zum Manne nimmt."

Satbaja rief seine Tochter herbei. Nachdem der Sohn des Khans zu Ende gesprochen hatte, sprach Durija: „Du stammst aus reichem Hause. Warum willst du ausgerechnet ein armes Mädchen heiraten?"

„Du hast mir gefallen, als ich dich zum ersten Male sah", entgegnete Idris. „Ohne dich wäre ich mein Leben lang ein unglücklicher Mensch."

Durija überlegte einen Augenblick und fragte dann: „Auf welches Handwerk verstehst du dich? Was hast du gelernt?"

„Was sollte ich gelernt haben? – Nichts", antwortete Idris der Wahrheit gemäß.

„So einen Mann will ich nicht haben", sprach Durija und ließ den Sohn des Khans stehen.

„Halt, warte!" rief Idris. „Begreife doch, daß ich es nie nötig hatte, ein Handwerk zu erlernen. Ich bin reich und habe alles, was ich brauche. Du wirst bei mir keine Not leiden."

„Heute reich – morgen arm!" antwortete Durija darauf. „Niemand weiß, was geschehen kann. Wer nichts gelernt hat, ist und bleibt ein Taugenichts. Ich kann deine Frau nicht werden."

Verärgert kehrte Idris ins Schloß seines Vaters zurück. Der Khan beruhigte den Unglücklichen.

„Such dir eine andere Frau. Es gibt noch viele schöne Mädchen in der Steppe."

„Mir gefällt aber nur Durija“, antwortete Idris. „Ich werde ein Handwerk erlernen, damit sie mich heiratet.“

Da ließ der Khan die besten Handwerksmeister kommen. Idris befragte sie nach der Lehrzeit in ihrem Gewerbe.

„Bei mir währt sie ein Jahr“, sagte der eine Meister; „bei mir sechs Monate“, der zweite.

Der dritte Meister sprach von fünfzehn Tagen.

„Welches Handwerk könnte ich in dieser Frist erlernen?“ fragte Idris.

„Ich nähe schöne Kappen“, erwiderte der Mann. „Viele Kasachen in der Steppe tragen sie und sind zufrieden damit. Willst du, daß ich dir meine Kunst beibringe?“

„Einverstanden“, sprach Idris. „Lehre mich, wie man Kappen näht. Ich will kein Taugenichts mehr sein.“

Fünfzehn Tage wohnte Idris in der Jurte des Meisters und erwies sich als gelehriger Schüler. Bald nähte er bessere Kappen als sein Lehrer.

Nach Ablauf der Lehrzeit warb der Sohn des Khans abermals um die schöne Durija. Diesmal kam er nicht vergebens. Das Mädchen willigte ein, seine Frau zu werden, und folgte ihm auf sein Schloß, wo eine fröhliche Hochzeit gefeiert wurde.

Nicht lange danach bat die junge Frau ihren Mann: „Bitte, nähe mir eine Kappe.“

Idris machte sich an die Arbeit, und nach wenigen Tagen war die Kopfbedeckung fertig.

„Das ist eine schöne, bequeme Kappe“, lobte Durija. „Ich bin stolz auf dich! Nun laß mich dir zeigen, was ich kann.“

Die junge Frau stickte verschiedene Zeichen auf die Kappe und erklärte Idris, was sie bedeuteten.

„Nur du und ich kennen diese Zeichen“, sprach sie dann. „Das kann uns noch einmal nützlich sein.“

Nach einem Jahr starb der Khan. Idris begann an seiner Stelle zu regieren. Um zu erfahren, wie seine Untertanen lebten und woran es ihnen mangelte, kleidete sich der junge Herrscher wie ein Bettler und streifte durch sein Land. Lange war er unterwegs, da kam er eines Tages an ein Haus. Der Wind trug ihm den Geruch von Speisen entgegen, und weil er hungrig war, trat er ein.

Da sah er vier Männer um einen Kessel mit kochendem Wasser sitzen. Sie erwiderten seinen Gruß nicht und schauten einander nur schweigend an. Mit einem Mal wurden sie heiter und ausgelassen. In einer Ecke des Raumes entdeckte Idris einen Menschen, der still und traurig dahockte. Einer der vier ging auf ihn zu und befahl: „In den Keller mit dir!" Ohne ein Wort des Widerspruchs gehorchte der Mann. Der junge Khan erstarrte. Ihm wurde klar, daß er sich im Hause von Menschenfressern befand, und er wollte fliehen. Aber die Kerle waren stark. Sie packten ihn und stießen ihn ins Kellerloch. Dort saßen schon zwei Gefangene. Der eine weinte bitterlich, der andere lachte.

„Warum klagst du?" fragte Idris den ersten.

„Ich soll heute gefressen werden."

„Und was macht dich so lustig?" wandte er sich an den anderen.

„Ich habe noch einen Tag länger zu leben. Darüber bin ich froh."

Der Klagende beruhigte sich einen Augenblick, schaute Idris an und sagte: „Vielleicht werden die Menschenfresser auch dich zuerst nehmen, du bist dicker als wir beide."

Zum ersten Mal in seinem Leben bekam der junge Khan Angst. Wie komme ich hier heraus? fragte er sich. Da fiel ihm ein, daß er ein Handwerk erlernt hatte. Das wird mir helfen, dachte er und beruhigte sich.

Die Menschenfresser kamen in den Keller. Sie wählten Idris aus, packten ihn und schleppten ihn nach oben.

„Tötet mich nicht", bat der junge Khan. „Ich kann euch großen Nutzen bringen."

„Wie willst du uns schon nützen!" Die Kerle lachten höhnisch.

„Ich verstehe es, schöne Kappen zu nähen", sagte Idris. „Wenn ihr sie der Frau des Khans bringt, gibt sie euch viel Gold und Geld dafür."

Geld und Gold – das konnten die Menschenfresser brauchen. Außerdem blieb der Gefangene ja in ihrer Gewalt. Kurz entschlossen besorgten sie, was Idris zum Nähen benötigte. Nach vier Tagen lag eine Kappe, mit den schönsten Zeichen bestickt, vor ihnen. Sie waren des Lobes voll und begaben sich damit zum Schloß.

Durija erkannte die Stickereien auf der Kappe und deutete die Zeichen. Idris ist in Gefahr, dachte sie. Diese Kerle sind Menschenfresser.

„Was soll die Kappe kosten?" fragte sie, ohne sich etwas anmerken zu lassen.

Die Verkäufer forderten einen hohen Preis und erhielten, was sie verlangten.

Zufrieden verließen sie das Schloß.

Durija aber ließ sofort die Heerführer zusammenrufen und befahl ihnen, mit ihren Soldaten den Fremden zu folgen. Noch bevor die Menschenfresser ihr Haus erreichten, wurden sie überwältigt und getötet.

Im Keller des Gebäudes fand Durija, die mitgeritten war, die Gefangenen. Die kluge Frau umarmte ihren Mann und sagte: „Siehst du nun, welche wunderbare Kraft ein Handwerk hat? Hättest du nicht gelernt, eine Arbeit zu verrichten, du wärest hier elend umgekommen."

Die Schätze, die im Haus der Menschenfresser gefunden wurden, ließ Idris an die armen Leute seines Landes verteilen. Noch lange lebte er glücklich mit seiner schönen und klugen Frau zusammen.

Die drei Schwestern

Es ist lange her, da ritt der Sohn eines Khans auf Brautschau aus. Er begegnete vielen schönen Mädchen, aber keine wollte ihm recht gefallen.

Da hörte er von drei Schwestern, die gemeinsam in einer Jurte wohnten, und begab sich zu ihnen. Bevor er eintrat, wurde er Zeuge eines Gesprächs zwischen den Mädchen.

Sie fragten einander: „Was würdest du tun, wenn der Sohn des Khans dich zur Frau nähme?"

„Ich würde ihm einen goldenen Teppich für den Thron weben", antwortete die Älteste.

Die Mittlere sagte: „Ich würde alle unsere Hochzeitsgäste mit einem einzigen Ei satt machen."

Die Jüngste aber sprach: „Ich würde ihm zwei Kinder schenken, einen Sohn mit goldenem und eine Tochter mit silbernem Kopf."

Da betrat der Jüngling die Jurte, und erstaunt sah er, wie überaus schön die drei Mädchen waren. Ohne ein Wort verließ er die Behausung wieder. Auf seinem Schloß angekommen, rief er den Wesir zu sich und sprach: „Jene drei Schwestern gefallen mir so gut, daß ich sie alle drei heiraten möchte. Reite zu ihrem Vater und frage nach dem Brautpreis."

Bald kehrte der Wesir zurück und verkündete: „Der Vater

fordert so viele Schafe, Kamele und Pferde, wie die älteste Tochter Haare auf dem Kopf hat."

Damit war der Sohn des Khans einverstanden. Er ließ dem Mann zehntausend Tiere zutreiben, und bald darauf zogen die jungen Frauen ins Schloß ein.

Die älteste Schwester webte dem Bräutigam, wie versprochen, einen goldenen Teppich für den Thron. Von der zweiten wurden die zahlreichen Hochzeitsgäste, wie sie vorausgesagt hatte, mit nur einem Ei gesättigt.

Nach einem Jahr verstarb der alte Khan, und sein Sohn übernahm die Herrschaft. Als er eines Tages von der Jagd nach Hause kam, wurde ihm gemeldet, daß seine jüngste Gemahlin einen goldköpfigen Sohn und eine silberköpfige Tochter geboren hatte. Die älteren Schwestern sahen, wie der Khan sich freute, da wurden sie neidisch; denn sie fürchteten, ihr Mann werde die Mutter der Kinder fortan mehr lieben als sie.

„Wir müssen etwas tun, daß er uns nicht vernachlässigt", sagte die Älteste. Und die Mittlere flüsterte mit listigen Blicken: „Man muß ihr die Kinder wegnehmen."

Die beiden ließen eine alte Hexe kommen und forderten sie auf, die Neugeborenen zu stehlen.

„Mach mit ihnen, was du willst", sagten sie zu der Hexe. „Wir werden dich reich belohnen."

In der folgenden Nacht bemächtigte sich die Alte der Kinder, legte sie in eine Truhe und warf die Truhe in den Fluß. In die Wiege legte sie zwei junge Hunde. Dann lief das teuflische Weib zum Khan.

„Dein Sohn und deine Tochter haben sich in Hunde verwandelt!" rief sie. „Schande über die Frau, die so etwas zur Welt gebracht hat!"

Der Herrscher geriet vor Zorn außer sich. Er befahl, die

junge Mutter mit den Welpen in der Wüste auszusetzen.

Inzwischen war die Truhe flußabwärts getrieben. Ein Fischer bemerkte sie, holte sie aus dem Wasser und schleppte sie nach Hause zu seiner Frau. Gemeinsam öffneten die Fischersleute das Behältnis. Da sie selbst keine Kinder hatten, freuten sie sich, die beiden Kleinen darin zu finden, und behielten sie bei sich. Den goldköpfigen Jungen nannten sie Kudaibergen, was etwa soviel heißt wie Geschenk des Himmels; das silberköpfige Mädchen wurde Künslu genannt, das bedeutet Sonnengleiche Schönheit.

Die Kinder wuchsen und gediehen und lebten glücklich in der Jurte des armen Fischers.

So vergingen zwölf Jahre. Die Frau des Fischers war inzwischen gestorben, und Künslu versorgte den Haushalt. Eines Tages wurde auch der alte Mann krank. Er rief die Kinder zu sich und sprach: „Ich werde heute sterben. Morgen früh kommt ein weißes Kamel aus der Steppe, dem legt meinen Leichnam auf den Rücken und folgt ihm. Es wird euch zeigen, wo ich begraben werden möchte. Klagt nicht über meinen Tod. Ihr werdet glücklich weiterleben."

Der Alte küßte die Kinder und schloß die Augen für immer. Künslu und Kudaibergen weinten bitterlich, denn sie hatten ihn sehr gern gehabt.

Am kommenden Morgen erschien das weiße Kamel vor der Jurte. Es trug den toten Fischer durch die Steppe bis zu einer blühenden Wiese. Hier hob Kudaibergen ein Grab aus und legte den Verstorbenen hinein. Als er sich aufrichtete, war das Kamel verschwunden. Müde von der Arbeit, ruhte der Junge sich im Schatten eines Baumes aus. Er schlief ein und träumte von einem Pferd, das ihm prächtige Kleider und goldene Waffen brachte. Als er erwachte, stand dieses Pferd vor ihm. Kudaibergen schwang sich in den Sattel und trabte nach Hause.

„Nun habe ich ein schnelles Roß", rief er seiner Schwester zu. „Damit will ich auf die Jagd gehen." Er nahm Abschied von Künslu und ritt in die Steppe, um Wildschweine zu erlegen. Der Zufall wollte es, daß an diesem Tag auch der Khan in jener Gegend jagte. Doch der Junge war geschickter als sein Vater. Auch sein Pferd war schneller und wendiger, und so kam es, daß er fünf Wildschweine zur Strecke brachte, der Khan aber nicht ein einziges.

Nach der Rückkehr in sein Schloß fühlte sich der Herrscher traurig und mißgestimmt. Er befahl seinen Wesiren, keinen Menschen vorzulassen. Seine beiden Frauen waren darüber beunruhigt. Sie ließen die Hexe kommen und sprachen: „Du hast uns schon einmal geholfen. Sorge dafür, daß der fremde Jäger verschwindet, der den Khan beleidigt hat. Es soll dein Schaden nicht sein." Die Hexe antwortete: „Dieser junge Jäger ist der Sohn eurer jüngsten Schwester, den ich in einer Truhe in den Fluß geworfen hatte. Ich will versuchen, ihn aus dem Weg zu räumen."

Sie begab sich zur Jurte des Fischers und traf Künslu allein zu Hause an.

„Guten Tag, liebes Kind", rief die Alte. „Weshalb sitzt du hier so einsam?"

„Mein Bruder ist zur Jagd geritten", antwortete das Mädchen.

„Der hat es gut", sagte die Hexe. „Auf der Jagd geht's lustig zu. Du aber mußt dich langweilen."

„Ja, es ist wirklich sehr eintönig", erwiderte Künslu.

„Wenn ich du wäre, würde ich ihn bitten, mir die Dombra zu beschaffen, die von selber spielt", sagte die Hexe. „Dann hättest du Unterhaltung, wenn du allein zu Hause bist."

Als Kudaibergen von der Jagd zurückkehrte, fand er seine Schwester blaß und niedergeschlagen vor.

„Was fehlt dir, meine liebe Künslu?" fragte er.

„Du reitest jeden Tag zur Jagd, hast Abwechslung und Freude", sagte das Mädchen, „für mich aber heißt es warten und warten. Wenn du mich gern hast, so besorge mir die Dombra, die von allein spielt, damit es in der Jurte nicht so still und öde ist."

„Die sollst du haben", entgegnete Kudaibergen.

Am Tag darauf erlegte er einige Wildschweine als Vorrat für die Schwester, dann sprach er: „Zu essen hast du. Ich werde lange fort sein. Halte die Tür verschlossen, wer auch immer kommen mag!"

Kudaibergen sattelte sein schnelles Roß und ritt fort. Nach einigen Tagen kam er zwischen zwei hohen Bergen zu einer Jurte. Am Feuer saß eine alte Zauberin.

„Guten Tag, mein Sohn", sagte sie. „Wo kommst du her? Noch nie hat ein Mensch den Weg zu mir gefunden."

Kudaibergen antwortete: „Ich bin müde und hungrig, Großmutter. Gib mir zu essen, dann erzähle ich."

Die Alte brachte Brot und Kumys. Der Jüngling stärkte sich und erklärte darauf der Zauberin, was ihn hergeführt hatte.

„Deine Schwester hat einen seltsamen Wunsch", sagte die Alte. „Es kann dich Kopf und Kragen kosten, diese selbstspielende Dombra zu holen. Sie ruht im Stamm einer hundertjährigen Eiche, die nicht weit von hier auf einem Feld steht. Das Feld gehört einem bösen Dämon. Du erkennst es daran, daß im weiten Umkreis nicht Baum noch Strauch wachsen. Nur Triebsand bedeckt das Gelände. Entwurzle den Baum und bring ihn her. Dein Pferd laß hier bei mir und geh zu Fuß. Unterwegs darfst du dich nicht ein einziges Mal umdrehen, sonst ist es um dich geschehen. Und sei vorsichtig, der Dämon wohnt ganz in der Nähe."

Kudaibergen machte sich auf den Weg, und bald schon sah er den Baum aufragen, weitverzweigt und mächtig. Ohne langes Nachdenken umfaßte der starke junge Mann den Stamm der Eiche und riß sie aus der Erde. Er lud sich die schwere Last auf die Schultern und schlug den Weg zur Jurte der Zauberin ein. Da begann die Luft zu zittern, Blitze zuckten, Donner rollte. Hinter sich hörte Kudaibergen Löwen brüllen, Wölfe heulen und Pferde wiehern. Bären brummten, Schafe blökten, und zwischendurch vernahm er das bittere Schluchzen seiner Schwester, die ihn bat, ihr zu Hilfe zu kommen. Das waren die Stimmen der Geister, die den Jüngling verfolgten. Schnell wie der Wind lief Kudaibergen, und er schaute sich nicht um. Wo das Gebiet des bösen Dämons endete, verstummten die Geräusche in seinem Rücken. Die Geister durften diese Grenze nicht überschreiten.

Die Zauberin erwartete den Jüngling.

„Nun ruh dich aus und schlafe", sprach sie. „Ich hole die Dombra aus dem Stamm."

Kudaibergen legte sich auf eine Matte, und die Augen fielen ihm zu. Als er wieder erwachte, hörte er die Dombra spielen. Er bedankte sich bei der Alten und nahm Abschied. Nach wenigen Tagen langte er wieder zu Hause an. Künslu umarmte den Bruder und freute sich über das herrliche Instrument. Fortan vertrieb ihr die Dombra, die von selber spielte, die Zeit, wenn Kudaibergen zur Jagd geritten war.

Eines Tages traf der Jüngling bei der Wildschweinhatz wieder auf den Khan, und abermals erlegte er eine größere Anzahl Tiere als dieser.

Der Herrscher kehrte noch bedrückter in sein Schloß

zurück als nach der ersten Begegnung mit dem jungen Jäger. Seine beiden Frauen ließen unverzüglich die Hexe kommen.

„Du hast Geld und Gold erhalten, dein Versprechen aber hast du nicht erfüllt“, schalten sie. „Sorge endlich dafür, daß der Junge verschwindet!“

Wieder begab sich die Hexe zu Künslu.

„Sei mir gegrüßt, Töchterchen!“ sprach sie mit schmeichelnder Stimme. „Nun, wie ist es, hat dir dein Bruder die wunderbare Dombra gebracht?“

Das Mädchen bejahte und zeigte der Alten das Instrument. Aufmerksam betrachtete es die Hexe.

„Dies ist eine gute Dombra“, sagte sie. „Nur leider bedeutet sie nichts gegen den Zauberspiegel, in dem du alles sehen kannst, was in der Welt geschieht.“

Spätabends kam Kudaibergen aus der Steppe nach Hause. Künslu empfing ihn mit den Worten: „Tag für Tag höre ich nun das Lied der Dombra, die von selber spielt. Fast bin ich ihrer überdrüssig. Was ist sie schon gegen den Zauberspiegel, in dem ich alles sehen kann, was in der Welt geschieht!“

„Du sollst diesen Spiegel haben“, antwortete der Bruder. Noch am selben Tag ritt er zur Jurte der Zauberin.

„Guten Tag, Großmutter“, begrüßte er die Alte.

„Guten Tag, mein Sohn“, erwiderte sie. „Was führt dich heute zu mir?“

„Meine Schwester hat mich um einen Spiegel gebeten, in dem alles zu sehen ist, was in der Welt geschieht“, sprach Kudaibergen. „Kannst du mir sagen, wo ich ihn finde?“

„Es ist schwer und gefährlich, an diesen Spiegel heranzukommen“, erklärte die Zauberin. „Er liegt hinter zwei Bergen, deren Gipfel hoch in den Himmel ragen, in einer Truhe verwahrt. Unterwegs triffst du auf einen mächtigen

Baum, in dessen Krone der Vogel Samruk lebt. Nicht weit von dem Baum haust der Drache Aidachar. Jedes Jahr frißt er dem Vogel die Jungen. Wenn du den Drachen tötest, wird der Vogel Samruk dir helfen, den Spiegel zu holen."

Kudaibergen schwang sich in den Sattel und ritt gen Süden. Nach wenigen Tagen erreichte er den Baum. Hoch oben im Geäst sah er das Nest des Vogels Samruk. Drei Junge hockten darin. Das eine klagte jämmerlich, das andere saß stumm und traurig da, das dritte sprang vergnügt herum.

Kudaibergen fragte das erste Vogeljunge: „Warum jammerst du?"

„Der Drache Aidachar wird mich heute fressen", war die Antwort.

„Und warum bist du so traurig?" fragte Kudaibergen das zweite.

„Mich will das Ungeheuer morgen verschlingen."

„Wieso aber springst du vergnügt herum?" wandte sich der junge Mann an den dritten Nestling.

„Ich habe noch zwei Tage zu leben, darüber freue ich mich", erwiderte der Vogel.

Der Jüngling verbarg sich im Gezweig und wartete. Es dauerte nicht lange, da kam der Drache Aidachar geflogen. Kudaibergen zog sein Schwert und erschlug das Ungeheuer. Tot stürzte der Drache zur Erde nieder.

Die Vogeljungen dankten ihrem Retter und riefen: „Versteck dich unter unseren Flügeln. Bald kommt unsere Mutter zurück. Wenn sie dich in unserer Nähe sieht, wird sie dich fressen."

Sie breiteten ihre Schwingen aus, und Kudaibergen kroch darunter. Als der Vogel Samruk heranflog, erblickte er unter dem Baum den erschlagenen Drachen.

„Wer hat ihn getötet?“ fragte er.

„Wenn du versprichst, unseren Retter nicht zu fressen, sollst du ihn sehen“, riefen die Jungen.

Das sagte Samruk ihnen zu.

Die Jungen hoben die Flügel. Augenblicklich stürzte sich der riesige Vogel auf Kudaibergen und verschlang ihn.

„Halt ein!“ schrien die Jungen. „Du hast versprochen, ihn am Leben zu lassen!“

Da spie Samruk den Jüngling wieder aus und fragte ihn, welchen Lohn er für die Rettung seiner Kinder fordere.

Kudaibergen antwortete: „Ich suche den Zauberspiegel, in dem alles zu sehen ist, was in der Welt geschieht.“

„Den Spiegel sollst du haben“, sprach der Vogel. „Laß dein Roß hier und setz dich auf meinen Rücken. Wir fliegen zu den Felsen, deren Gipfel an die Wolken stoßen.“

Kudaibergen hockte sich zwischen die Flügel des Vogels Samruk, und sie stiegen in die Lüfte. Lange waren sie unterwegs, bis sie zu den zwei Bergen gelangten. Die schoben sich blitzschnell zusammen und rückten augenblicklich wieder auseinander.

„Schließ die Augen!“ rief Samruk.

Kudaibergen kniff die Lider zusammen. Als er sie wieder öffnete, lagen die hohen Gipfel hinter ihm. Da nahm er die Truhe mit dem Zauberspiegel an sich, und sie flogen zurück. Bei den Bergen, die sich abwechselnd trafen und trennten, rief der Vogel wieder: „Schließ die Augen!“ Dann huschte er zwischen den Felswänden hindurch, schneller als beim ersten Mal. Doch gerade in diesem Augenblick schloß sich der Spalt zwischen den Bergen, und einige von Samruks Schwanzfedern wurden eingeklemmt und ausgerissen.

Ohne weitere Zwischenfälle gelangten sie zurück zu dem Baum, auf dem sich das Nest des Vogels befand. Kudaibergen dankte Samruk für seine Hilfe und eilte mit dem Zauberspiegel nach Hause zu seiner Schwester.

Wie glücklich war Künslu, als ihr der Bruder den Spiegel überreichte! Sie stellten ihn auf und schauten hinein. Alles, was in der Welt geschah, konnten sie darin erblicken. Ein trauriges Bild überraschte die beiden.

Im Wüstensand sahen sie eine zerlumpte Frau sitzen. Zwei Hunde jagten einen Vogel und brachten ihn der Unbekannten, wohl um auf diese Weise Nahrung für sie zu besorgen. Künslu wurde durch den Anblick so erschüttert, daß ihr die Tränen über die Wangen rollten.

Tags darauf jagte Kudaibergen wieder in der Steppe. Abermals geschah es, daß der Khan zugegen war und daß das Jagdglück ihn verließ, während der Jüngling viele Wildschweine erlegte. Der Herrscher wurde vor Ärger ganz krank. Seine Frauen wandten sich noch einmal an die Hexe.

„Du hast dein Versprechen wieder nicht gehalten. Sorge endlich dafür, daß der Jüngling getötet wird, damit wir in Ruhe weiterleben können."

Ein drittes Mal begab sich die böse Alte zu Künslu.

„Guten Tag, mein Töchterchen. Wie geht es dir?"

„Es geht mir gut", antwortete Künslu. „Ich habe die Dombra, die von allein spielt, und den Zauberspiegel und lebe mit meinem Bruder in der schönsten Harmonie."

„Ja, du bist wirklich ein glückliches Mädchen", sagte die Hexe. „Aber ich glaube, du könntest noch glücklicher werden. Was dir fehlt, ist eine Schwägerin. Dein Bruder reitet alle Tag auf die Jagd, und du hast niemanden, mit dem du ein paar Worte wechseln kannst. Rate ihm doch, die Tochter von Tasschilar zu heiraten. Sie wird dir eine gute Freundin sein."

Als Kudaibergen aus der Steppe heimkam, sprach Künslu zu ihm: „Lieber Bruder, möchtest du nicht die Tochter von Tasschilar heiraten? Sie wäre für dich eine gute Frau und für mich eine gute Schwägerin. Zu dritt lebt es sich besser."

Kudaibergen war nicht abgeneigt, der Schwester auch diesen Wunsch zu erfüllen. Er setzte sich auf sein schnelles Pferd und ritt zur Jurte der Zauberin, um ihren Rat zu hören.

„Es ist schwer und gefahrvoll, um Tasschilars Tochter anzuhalten", sprach die Alte. „Reite zu ihm und frage: O großer Tasschilar, darf ich deine Tochter heiraten? Ist er nicht einverstanden, so wird er dich mit den Worten ‚Tas bol' in einen Stein verwandeln. Wenn er aber einwilligt, wird er schweigen. Dann versäume nicht, ihn zu bitten, er möge den Steinberg an der rechten Seite seines Schlosses lebendig machen."

Kudaibergen dankte der Alten, ritt zu Tasschilar und brachte seinen Antrag vor: „Darf ich, o großer Tasschilar, deine Tochter heiraten?"

„Tas bol!" antwortete Tasschilar, und der Jüngling verwandelte sich auf der Stelle in einen Stein.

Die Tochter Aislu, das heißt Schön wie der Mond, hatte Kudaibergen kommen sehen. Der Jüngling gefiel ihr. Deshalb bat sie ihren Vater, ihm seine menschliche Gestalt wiederzugeben. Tasschilar hatte seine einzige Tochter sehr gern, und er erfüllte ihr die Bitte.

„Ich erlaube dir, meine Tochter zur Frau zu nehmen", sprach er zu Kudaibergen. „Solltest du einen Wunsch haben, so sprich ihn aus."

Da erinnerte sich der Jüngling an die Worte der Zauberin, und er bat Tasschilar, den Steinberg lebendig zu machen.

Der sprach eine Zauberformel, und alsbald stand neben dem Schloß ein Riese.

Kudaibergen machte sich mit seiner schönen jungen Frau auf den Heimweg. Der Riese begleitete sie. Als sie sich der Jurte der Zauberin näherten, kam ihnen die alte Frau entgegen. Sie begrüßte zuerst Kudaibergen und Aislu, danach den Riesen. Ihn umarmte sie besonders herzlich, denn er war, wie Kudaibergen nun erfuhr, ihr einziger Sohn.

Der Riese aber sprach: „Wir haben einander viele Jahre nicht gesehen, und du begrüßt mich zuletzt. Hast du mich schon vergessen?“

Die Mutter antwortete: „Mein Sohn, der Mensch, den ich zuerst begrüßt habe, ist dein Retter. Ihm verdankst du, daß du wieder am Leben bist.“ Und sie erzählte ihm, was vor sich gegangen war.

Der Riese nahm Aislu, Kudaibergen und das Pferd auf die Schulter und trug sie nach Hause. Künslu freute sich über die Rückkehr des Bruders. Aislu gefiel ihr sehr. Von nun an lebten sie zu dritt in Freundschaft zusammen.

Wiederum geschah es, daß Kudaibergen auf der Jagd alle Wildschweine schoß, während der Khan leer ausging. Das kränkte den Herrscher so sehr, daß er sich niederlegen mußte. Mit Nachdruck forderten seine beiden Frauen die Hexe auf, den jungen Jäger zu töten.

„Wir haben dir viel Geld gegeben. Nun halte endlich dein Wort!“

Ein viertes Mal begab sich die Hexe zu Kudaibergens Jurte. Sie traf Künslu und ihre Schwägerin Aislu allein zu Hause an und begrüßte sie.

Aislu erkannte in der Alten auf den ersten Blick eine böse Hexe und rief: „Ine bol!“

Da verwandelte sich die Hexe in eine Nadel. Nun konnte sie Kudaibergen nicht mehr gefährlich werden.

Der Jüngling ritt jeden Tag in die Steppe und jagte dem Khan das Wild ab. Eines Tages befragte der Herrscher seine klügsten Wesire, was dagegen zu tun sei.

„Laß den Jäger umbringen, dann stört er dich nicht mehr", riet der erste Wesir.

Der Vorschlag mißfiel dem Khan. Der Jüngling war schön und geschickt. Er wollte ihn nicht töten lassen.

Der zweite Wesir sprach: „Freunde dich mit ihm an, mein Gebieter, dann wird er dir keinen Kummer mehr bereiten."

Das behagte dem Khan schon besser. Als er am kommenden Tag den Jüngling im Walde traf, sprach er ihn an und schlug ihm vor, sich näher miteinander bekannt zu machen.

Kudaibergen verneigte sich und lud den Herrscher in seine Jurte ein. Drei Tage weilte der Khan zu Gast bei den Geschwistern. Als er in sein Schloß zurückkehrte, sprach er zu den Wesiren: „Diese Jurte ist ein Wunder! Von außen wirkt sie eher ärmlich; innen aber ist sie besser ausgestattet als mein Schloß. Ich habe eine Dombra gesehen, die von allein spielt, und einen Zauberspiegel, in dem man alles beobachten kann, was in der Welt geschieht. Durch diesen Spiegel erblickte ich eine unglückliche Frau, die in der Wüste lebt und von zwei Hunden ernährt wird. Ich erkannte in ihr meine ehemalige jüngste Gemahlin. Der Jäger und seine Frau Aislu, aber auch seine Schwester beklagten das Los der Ärmsten so bitter, daß ich versprach, sie in mein Schloß zurückzuholen. Reitet in die Wüste und sucht sie. Morgen besuchen mich meine neuen Freunde. Sie sollen sehen, daß ich mein Versprechen halte."

Tags darauf ritten Kudaibergen, Künslu und Aislu zum Schloß des Khans. Unterwegs sagte Aislu: „Der Herrscher wird uns festlich bewirten. Doch bitte ich euch, nichts anzurühren, bevor ich euch ein Zeichen gebe."

Der Khan empfing seine Gäste sehr freundlich. Kudaibergen fragte ihn alsbald nach der unglücklichen Frau aus der Wüste.

„Wie schön wäre es, wenn sie mit uns an der Tafel säße", fügte Aislu hinzu.

Da ließ der Herrscher die Frau mit den zwei Hunden hereinführen und wies ihr einen Platz neben Aislu an. Die Tiere setzten sich links und rechts neben die Tür. Das Gastmahl begann. Duftendes Pferdefleisch, Kumys und Hammelfleisch wurden in den Saal getragen. Aislu nahm zwei Stücke von dem Pferdefleisch und warf es den Hunden vor.

„Das ist für die treuen Tiere, die der armen Frau in der Wüste Nahrung brachten!" rief sie.

Die Hunde schnappten nach dem Fleisch, verschlangen es und fielen auf der Stelle tot um. Schreckensbleich gebot der Khan, die Speisen fortzuschaffen. Dann befahl er, die beiden falschen Schwestern ohne Verzug aufzuhängen. Es war ihm klargeworden, daß nur sie das Essen vergiftet haben konnten.

Plötzlich ließ Aislu eine Nadel auf den Fußboden fallen und sprach: „Verwandle dich!"

Da sahen alle Gäste im Saal, wie aus der Nadel eine häßliche alte Hexe wurde. Die erzählte nun, wie sie die Kinder gegen die Hunde vertauscht und ausgesetzt hatte und wie sie bis zuletzt alles versuchte, um Kudaibergen zu töten. Als die jüngste Gemahlin des Khans das hörte, fiel sie in eine tiefe Ohnmacht. Sobald sie daraus erwachte, umarmte sie der Herrscher und bat sie um Verzeihung. Und da sie Kudaibergen und Künslu, ihre verlorengeglaubten Kinder, küßte, weinte sie vor Freude.

Die böse Hexe wurde verbrannt. Viele Monate brauchte die Frau des Khans, um sich von den Entbehrungen zu erholen. Als sie wieder gesund war, wurde ein großes Fest veranstaltet, bei dem es hoch herging. Das Volk freute sich mit dem Khan und seiner Familie.

Drei Aufgaben

Iljas liebte die schöne Tanap. Eines Tages gestand er ihr seine Liebe. Da verheimlichte auch Tanap ihm nicht länger, daß sie ihn seit Jahren gern hatte, und sprach: „Deine Frau kann ich aber nur dann werden, wenn du mir drei Wünsche erfüllst."

„Für dich, liebe Tanap, tue ich alles", antwortete Iljas.

Da zeigte das Mädchen auf einen hohen Baum und forderte: „Bring diesen Baum zum Sprechen!"

Die Aufgabe zu lösen erschien Iljas schier unmöglich. So viel und so lange er auch nachdachte, ihm fiel nur eines ein: In die Stadt zu reiten. Unter den vielen Leuten, die dort wohnten, fand sich vielleicht jemand, der das Rätsel lösen konnte.

Zwei Monate lang wußte niemand, wo Iljas sich aufhielt. Ein Bauer des Dorfes entdeckte ihn zufällig in der Stadt und berichtete, der junge Mann lerne bei einem Meister, wie man Bäume zum Sprechen bringe. Kein Wunder, daß alle Leute im Aul ungeduldig auf Iljas' Rückkehr warteten.

Einen Monat später kehrte der Bursche zurück. Auf den

Schultern trug er einen Sack voller Werkzeuge und Schrauben. Ohne ein Wort zu sagen, griff Iljas zur Axt und fällte den Baum, den er zum Sprechen bringen sollte. Den Stamm zersägte er in dünne, glatte Bretter. In die Bretter bohrte er Löcher von verschiedener Größe. Danach holte er Schrauben aus dem Sack und fügte die Bretter zu einem Kasten zusammen, den er in Tanaps Jurte trug. Aus einem Ast des Baumes stellte er eine lange Stange her und befestigte sie mit Drähten auf dem Dach. Aufmerksam betrachtete er die Zeichnungen, die er ebenfalls mitgebracht hatte, und machte sich an dem Kasten zu schaffen. Endlich bohrte er ein Loch in die Wand und verband den Kasten mit der Stange auf dem Dach. Das Wunder geschah: Der Kasten begann plötzlich zu sprechen! Stolz stand Iljas daneben, und Tanap strahlte vor Glück.

Am nächsten Tag stellte sie Iljas die zweite Aufgabe: „Bring mir ein Mädchen, das mir gleicht wie ein Wassertropfen dem andern."

Wieder versank der Bursche in tiefes Nachdenken. Wo in der Welt sollte es ein zweites Mädchen geben, das so schön war wie Tanap? Er entschloß sich, abermals in die Stadt zu reiten. Dort hatte er Freunde gefunden. Vielleicht konnten sie ihm helfen.

Länger als ein Jahr blieb Iljas verschwunden. Als er endlich wiederkam, zog er einen Handkarren, auf dem Tonklumpen, Spachtel und Messer lagen. Vor der Jurte seiner Braut machte der Bursche halt. Er lud den Ton ab und begann mit der Arbeit. Unverwandt schaute er dabei seine geliebte Tanap an. Schließlich war er fertig und trat zur Seite. Vor Tanap stand, aus Ton geformt, ihr Ebenbild. Die Nachbarn kamen herbei und schauten verwundert auf die Figur, verglichen sie mit der schönen Tanap und riefen:

„Seht nur, ähnlich wie zwei Wassertropfen! Welch ein Wunder!"

So hatte Iljas auch den zweiten Wunsch des Mädchens erfüllt, und Tanap war stolz auf ihren Bräutigam und freute sich.

Aber da war noch der dritte Wunsch.

Voll Ungeduld bat Ilja das Mädchen, ihn zu nennen, konnte er es doch kaum noch erwarten, die Geliebte heimzuführen.

Da sprach Tanap: „Hinter den Bergen wohnt ein mächtiger blauer Vogel. Zähme ihn und zwinge ihn, vor die Tür meiner Jurte zu fliegen."

Grübelnd verließ der Jüngling den Aul. Tage und Monate vergingen. In einem Jahr wird Iljas zurück sein, dachte Tanap. Aber es vergingen zwei Jahre, und der Jüngling blieb verschwunden. Als das dritte Jahr sich neigte, tauchte über der Siedlung ein riesiger blauer Vogel auf. Er kreiste eine

Weile am Himmel und senkte sich schließlich auf den Rasen vor Tanaps Jurte herab. Der Vogel hob die Schwingen. Ein junger, in Leder gekleideter Mann sprang hervor. Die Leute staunten. Auch Tanap wunderte sich. Plötzlich aber erkannte sie ihn.

„Iljas, bist du das?“

„Ja, ich bin's“, antwortete der Jüngling. „Und das ist der mächtige blaue Vogel, den ich zähmen sollte.“

Tanap umarmte den Geliebten. Er hatte ihre drei Wünsche erfüllt. Noch am selben Tag wurde die Hochzeit gefeiert.

Der Wanderer und der Khan

Nach langer Wanderung durch die weite, menschenleere Steppe gelangte ein Mann in die Stadt, wo der Khan lebte. Er betrat dessen Schloß, hockte sich in einem Saal auf den Marmorfußboden, schnürte sein Bündel auf, nahm Brot und Salz heraus und begann zu essen. Langsam erholte er sich in dem kühlen Raum von den Mühen des Weges.

Die Wache war durch die Kühnheit des Fremden völlig überrascht. Zunächst wußten die Soldaten nicht, was sie mit dem Eindringling anfangen sollten. Bald aber besannen sie sich auf ihre Pflichten und forderten ihn auf, das Schloß zu verlassen.

„Verjagt mich nicht“, sprach der Wanderer. „Sobald ich mich erholt habe, gehe ich von selbst.“

Der Khan, den der Lärm geweckt hatte, kam herbei und fragte den Mann: „Was tust du hier?“

„Ich bin müde und hungrig. Deshalb möchte ich etwas

essen und ein Schläfchen machen. Danach ziehe ich weiter."

„Was erdreistest du dich!" rief der Khan erbost. „Du bist hier in meinem Schloß, nicht in einem Gasthaus."

„Mitnichten", antwortete gelassen der Fremde. „Dies ist ein Gasthaus. Sag mir, großer Khan, wer hier früher gewohnt hat."

„Mein Vater", sagte der Khan.

„Und vor ihm?"

„Mein Großvater."

„Und vor dem Großvater?" fragte hartnäckig der Wanderer.

„Mein Urgroßvater!" Die Stimme des Khans klang gereizt.

„Wer aber wird nach deinem Tode hier wohnen?"

„Mein Sohn."

„Und nach dessen Tod?“

„Meine Enkel und Urenkel“, sprach der Khan.

„Na, siehst du, in diesem Schloß wechseln die Gäste wie in einer Herberge.“

Wortlos drehte der Khan sich um und ging. Er befahl, dem Mann ein Geschenk mit auf den Weg zu geben.

Der Fremde aß, schlief ein Weilchen und brach dann auf. Die Gabe des Herrschers nahm er nicht an.

„Ich bin ein Wanderer“, sprach er, „Besitztümer brauche ich nicht.“

Als dem Khan diese Worte berichtet wurden, sann er lange darüber nach.

Der betrogene Dicke

Es war einmal ein dicker Mann, der besuchte eines Tages seinen Schwiegervater. Auf dem Kopf trug er einen Korb voll Hirse, den wollte er als Gastgeschenk mitbringen.

Der dicke Mann freute sich, denn der Schwiegervater war reich, bei ihm gab es immer gutes Essen. Unterwegs erblickte der Dicke Aldar-Kösse, der ihm entgegenkam.

„Bleib stehen, Aldar-Kösse“, rief er. „Alle Leute behaupten, du wärst so schlau, daß du selbst den Teufel hinters Licht führen kannst. Wollen wir wetten, daß es dir nicht gelingen wird, mich aufs Glatteis zu locken?“

Aldar-Kösse sprach mit ernster Miene: „Guter Mensch, leider habe ich keine Zeit, dir das Gegenteil zu beweisen. Die Welt geht unter. Siehst du dort am Himmel die Flammen? Lauf schnell nach Hause und verkriech dich im Keller. Auch ich will mich verstecken, deshalb bin ich so in Eile.“

Der Dicke schaute erschrocken zum Himmel auf. Dabei fiel ihm der Hirsekorb vom Kopf.

„Weh mir", rief er, „du hast mich überlistet! Das ist doch nicht der Weltuntergang, sondern nur das Abendrot!"

Aldar-Kösse würdigte ihn keiner Antwort und setzte seinen Weg fort.

Der Reiche und der Arme

Einst lebten zwei Brüder. Der Ältere war reich, aber geizig und hatte keine Kinder. Der Jüngere besaß keinerlei Reichtümer. Sein ganzes Glück waren seine zwei Söhne, die er über alles liebte. Von den Pilzen und Beeren, die Hassen und Hussein mit der Mutter sammelten und auf dem Markt verkauften, lebte die Familie das Jahr über.

Als die beiden Jungen an einem Sommertag durch den Wald streiften, sahen sie plötzlich einen blauen Vogel aus dem Gras auffliegen. Sie bewunderten seine Schönheit, aber schnell war er ihren Blicken entschwunden. Da machten sie sich auf die Suche nach seinem Nest. Bald entdeckten sie in einer Mulde zwei blaue Eier. Zwar hatten sie Hunger, doch einigten sie sich, die Eier nicht selbst aufzuessen, sondern sie dem reichen Onkel zu verkaufen.

„Wo habt ihr sie gefunden?" wollte der Onkel wissen.

„Im Walde, im Gras", antworteten die Jungen.

Der Onkel nahm die Eier und gab den beiden viel Geld dafür.

„Ihr bekommt noch mehr, wenn ihr mir den blauen Vogel fangt", sagte er.

Hassen und Hussein wunderten sich. Wozu brauchte der

Onkel den Vogel? Doch zuerst galt es, ihn zu kriegen. Sie liefen zu dem Nest zurück und stellten eine Schlinge auf. Dann versteckten sie sich im Gebüsch. Nicht lange, so flog der blaue Vogel herbei, und gleich zappelte er in der Schlinge. Die Kinder nahmen ihn und trugen ihn zu ihrem Onkel.

Der gab ihnen dafür Geld, Kleider und allerlei Leckereien. Da herrschte große Freude in der Jurte des armen Bruders, doch währte sie nur kurze Zeit, dann war alles verbraucht.

Der Onkel aber schlachtete den Vogel, gab ihn seiner Frau und befahl ihr, ein Essen daraus zu bereiten.

„Paß auf, daß kein Mensch davon kostet!" schärfte er ihr ein.

Zwar war der Vogel so klein, daß er nicht für ein ordentliches Abendessen reichen konnte, aber die Frau gehorchte ihrem Mann und legte das Fleisch in einen Topf. Während es kochte, besuchte sie eine Nachbarin und hielt mit ihr ein Schwätzchen.

Hassen und Hussein waren neugierig geworden. Sie wollten wissen, was der Onkel mit dem blauen Vogel vorhatte, und liefen zurück zu seiner Jurte. Niemand war zu Hause. Auf dem Ofen stand ein Topf mit heißem Wasser. Ob unser Vogel darin gekocht wird? fragten sie sich. Sie hoben den Topfdeckel an, und als sie sahen, daß es sich wirklich so verhielt, entschlossen sie sich, von dem Fleisch zu kosten. Sie fischten das Herz aus dem Topf, teilten es und aßen es auf. Dann verließen sie die Jurte wieder.

Bald danach kam die Frau des Onkels zurück. Sie schaute in den Kochtopf und sah, daß das Herz des Vogels verschwunden war.

„Das kostet mich Kopf und Kragen", jammerte sie. „Wie wird mein Mann böse sein, wenn er entdeckt, daß etwas fehlt!"

Da kam der Frau ein Gedanke. Sie lief in den Garten, fing einen Hahn und schlachtete ihn. Sein Herz warf sie in das kochende Wasser. Nun war sie wieder ruhig.

Am Abend kehrte der Mann zurück und ließ sich das Essen schmecken. Nach dem Mahl wurde er sehr vergnügt, sah seine Frau an und sprach: „Meine Liebe, Gott hat uns das Glück ins Haus geschickt. Wenn wir morgen früh aufstehen, wird ein Berg Gold unter unseren Kopfkissen liegen."

Die Frau schwieg und schlug die Augen nieder. Als die Eheleute am nächsten Tag erwachten, schauten sie unter die Kissen, fanden jedoch kein Gold.

Hassen und Hussein aber entdeckten, als sie aufgestanden waren, auf ihrem Lager goldene Münzen. Staunend trugen sie das Geld zu ihren Eltern, die sich über den seltsamen Fund freuten. Doch der Vater, der noch nie in seinem Leben etwas besessen hatte, bekam Angst vor diesem Reichtum und ritt zu seinem Bruder, um seinen Rat einzuholen.

Als der Ältere hörte, was geschehen war, erriet er sofort, daß die Kinder vom Fleisch des blauen Vogels gegessen haben mußten. Wütend rief er: „Ein böser Geist hat die beiden befallen. Töte sie auf der Stelle, sonst wirst du dein Leben lang unglücklich sein."

Niedergeschlagen ritt der Vater nach Hause und überlegte, ob er den Rat befolgen solle oder nicht. Er konnte sich nicht entschließen, seine Kinder umzubringen, denn er liebte sie über alles. Da fiel ihm ein, sie auszusetzen.

„Nehmt eure Körbe, wir wollen in den Wald gehen, wo es viele Pilze und Beeren gibt", sprach er zu ihnen. „Am Abend hole ich euch wieder ab." Er führte die Jungen tief in einen dichten Wald und kehrte weinend in den Aul zurück.

Hassen und Hussein pflückten Beeren und sammelten

Pilze, und bald schon waren die Körbe gefüllt. Es dämmerte, dann kam die Nacht, der Vater aber blieb aus. Da beschlossen sie, im Freien zu übernachten, bereiteten sich ein Lager und schliefen schnell ein, denn sie waren sehr müde.

Als sie bei Sonnenaufgang erwachten, lagen wieder eine Anzahl Goldstücke unter ihrem Kopf. Die Jungen waren nicht weniger überrascht als am Tag vorher, doch ließen sie das Geld liegen und machten sich auf die Suche nach einem Weg. Da begegnete ihnen ein alter Jäger.

„Guten Tag, Großvater“, riefen die beiden.

„Guten Tag, ihr Kinder“, antwortete der Jäger und fragte: „Wo kommt ihr her, und wo soll's denn hingehn?“

„Wir können nicht sagen, woher wir kommen, denn der Wald ist sehr groß“, entgegnete Hassen. „Und wohin es geht, wissen wir auch nicht. Unser Vater hat uns hier allein gelassen. Nun haben wir kein Dach über dem Kopf.“

„Kommt mit zu mir“, sprach der Alte. „Ich habe keine Kinder. In meinem Haus könnt ihr bleiben.“

Die Jungen dankten dem Mann, bevor sie aber mit ihm weitergingen, sprach Hussein: „Wo wir übernachtet haben, Großväterchen, liegen goldene Münzen. Nimm sie dir.“

Von nun an wohnten die beiden im Hause des Alten. Sie gewöhnten sich schnell an das Leben im Wald, gingen oft auf die Jagd und wurden bald kühne und erfahrene Weidmänner. Jeden Morgen fanden sie Gold unter ihren Kopfkissen, das sie ihrem Beschützer überließen. Der war bald reicher als der Khan des Landes. So vergingen sieben Jahre. Hassen und Hussein wurden groß, da versiegte eines Tages der Zustrom des Goldes.

Einmal unterhielten sich die Brüder miteinander, da sprach Hassen: „Ein altes Sprichwort sagt, daß der Hund dorthin zurückkehrt, wo er einen großen Knochen gefunden

hat, und den Menschen zieht es zu dem Ort seiner Geburt. Denkst du noch an die Zeiten, als wir zu Hause lebten? Laß uns unsere Eltern suchen.“

„Deine Gedanken sind auch meine Gedanken“, antwortete Hussein. „Wir wollen gleich aufbrechen.“

Der alte Jäger wurde sehr traurig, als ihm die beiden ihre Absicht offenbarten. Doch gab er ihnen seine besten Pferde und wünschte ihnen eine glückliche Heimkehr. Einen Monat lang ritten Hassen und Hussein durch Wald und Steppe, dann teilte sich der Weg.

„Reite du rechts weiter, ich reite nach links“, sagte Hassen.

Hussein war einverstanden. Er steckte ein Messer in die Erde und sprach: „Hier wollen wir uns wiedertreffen. Das Messer wird zeigen, wie es um uns steht. Wenn einer von uns sterben sollte, wird die Hälfte des Griffes verbrennen.“

Die Brüder nahmen Abschied und wandten sich jeder in seine Richtung.

Hassen streifte wochenlang durch Gebirge, Wälder und Steppen. Endlich gelangte er in eine große Stadt. Verwundert sah er, als er durch die Straßen ritt, daß die Einwohner schwarze Kleider trugen. An den Häusern wehten schwarze Fahnen.

„Was ist geschehen?“ fragte er eine alte Frau.

„Sei zufrieden, daß du nicht hier lebst und unseren Kummer nicht kennst“, sprach klagend die Alte. „Ein siebenköpfiger Drache bedroht uns“, fuhr sie fort. „Damit er uns nicht alle frißt, müssen wir ihm täglich ein schönes Mädchen und einen Hasen opfern. Nur die Tochter des Khans ist übriggeblieben. Sie heißt Hanschaim und soll dem Untier heute ausgeliefert werden. Deshalb hängen überall schwarze Fahnen, und die Menschen haben Trauerkleider an. Der Khan hat versprochen, daß der die schöne

Hanschaim zur Frau bekommt, der den Drachen tötet. Aber in unserer Stadt gibt es keinen so starken und kühnen Mann. Hanschaim ist verloren.“

Unverzüglich ritt Hassen zum Palast des Khans. In einem prunkvollen Saal sah er ein wunderschönes Mädchen. Ein Hase war mit ihr zusammengeschmiedet. Die schwarzen Zöpfe der Jungfrau glänzten wie Seide, ihr Blick glich dem Strahl der Sonne. Erschrocken fuhr sie zusammen, als sie den Jüngling gewahrte.

„Hab keine Angst“, sprach Hassen beruhigend. „Ich werde dich retten.“

„Wenn dir das gelingt, darfst du mich heiraten“, antwortete das Mädchen und fragte: „Bist du wirklich so stark, das Ungeheuer zu besiegen? Mit dem Drachen hat man kein leichtes Spiel.“

„Ich werde schon mit ihm fertig“, sprach Hassen und setzte sich neben das Mädchen. „Jetzt aber bin ich müde. Ich habe einen langen Weg hinter mir und möchte schlafen. Wecke mich, sobald der Drache erscheint.“

Hassen schlief ein. So tief und fest war sein Schlaf, daß er nicht aufwachte, als der siebenköpfige Drache in den Saal geflogen kam, und auch dessen Gebrüll nicht hörte. Die schöne Hanschaim versteinerte vor Angst angesichts des Ungeheuers, kam aber schnell wieder zu sich und versuchte, den Jüngling zu wecken. Aber der war todmüde und vernahm ihre Rufe nicht. Näher und näher kam der Drache. Hanschaim ließ alle Hoffnung fahren und begann bitterlich zu weinen. Ihre Tränen fielen auf Hassens Gesicht. Alsbald erwachte er und sprang auf. Er sah den Drachen, zog sein Schwert und schlug dem Untier mit einem Hieb alle sieben Köpfe ab.

Überglücklich zog das Mädchen einen goldenen Ring vom

Finger und reichte ihn ihrem Retter. Hassen bedankte sich, dann verließ er das Schloß.

Ein Wesir des Khans kam in den Saal. Er stellte fest, daß die schöne Prinzessin noch lebte und der Drache erschlagen am Boden lag. Sonst war niemand zu sehen.

Da eilte der Wesir ins Gemach zu seinem Herrn und sprach: „Mein Gebieter, ich habe den siebenköpfigen Drachen getötet. Steh zu deinem Wort und gib mir deine Tochter zur Frau."

„Du bist wahrlich ein großer Held", sprach der Khan. „Ich danke dir! Noch heute wollen wir Hochzeit feiern."

Der Herrscher befahl, überall die schwarzen Fahnen abzunehmen und dafür weiße aufzuhängen. Alle Menschen in der Stadt sollten erfahren, daß der siebenköpfige Drache besiegt war.

Die Nachricht drang auch zu Hassen. Er ritt zurück ins Schloß und kam gerade dazu, wie sich der Wesir mit seinem Sieg über das siebenköpfige Untier brüstete.

Zornig trat Hassen vor den Khan und sprach: „Dieser Mann, der deine Tochter heiraten will, ist ein Lügner und Feigling. Wie will er beweisen, daß er den Drachen getötet hat? Ich war es, der die Prinzessin rettete."

Hochmütig entgegnete der Wesir: „Und kannst du es denn beweisen?" Die Versammelten schauten neugierig auf Hassen. Der holte den goldenen Ring aus der Tasche und hielt ihn in die Höhe.

„Den Ring hat er gestohlen!" schrie der Wesir außer sich vor Zorn.

„Es gibt noch ein anderes Mittel", entgegnete Hassen gelassen. „Wenn du den Drachen getötet hast, wird es dir ja ein leichtes sein, ihn durchs Fenster in den Fluß zu werfen."

Der Wesir versuchte, das Drachentier anzuheben, aber

der tote Körper bewegte sich nicht von der Stelle. Da bückte sich Hassen, packte das leblose Ungeheuer und schleuderte es durchs Fenster.

Nun trat auch die schöne Hanschaim hinzu.

„Dieser Jüngling hat mich vor dem siebenköpfigen Drachen gerettet", sprach sie. „Zum Dank gab ich ihm meinen goldenen Ring."

Der hochmütige Wesir wurde ausgelacht, und der Herrscher ließ ihn für immer aus der Stadt jagen. Hassen heiratete noch am selben Tag die wunderschöne Hanschaim und wohnte fortan mit ihr im Schloß des Khans.

Jahre vergingen. Obwohl Hassen seine schöne Frau liebte, war das Leben im Palast doch recht eintönig für ihn. So ritt er fast jeden Morgen zur Jagd. Seinen treuen Hund nahm er mit.

Eines Tages jagte er in einem dichten Wald, als es mit einem Mal sehr kalt wurde und zu schneien begann. Er lenkte sein Pferd unter eine hohe Tanne und entfachte ein Feuer. Da sah er plötzlich über sich auf einem Ast eine alte Frau sitzen. Sie wimmerte und klagte.

„Warum weinst du?" fragte Hassen und forderte die Alte auf, am Feuer Platz zu nehmen und sich zu wärmen.

„Ich habe Angst vor deinem Hund", antwortete die Frau. „Reich mir das Stöckchen aus deiner Hand."

Hassen gab der Alten die Gerte, von der er nicht wußte, daß sie Zauberkraft besaß, die Alte schwang sie, und auf der Stelle wurden Hassen, der Hund und das Pferd in große Steine verwandelt.

Folgen wir nun Husseins Spur. Der war in einer großen Stadt Khan geworden. Am Tag der Verzauberung Hassens hatte er das Gefühl, dem Bruder müsse ein Unglück zugestoßen

sein. Er ließ sein Pferd satteln und ritt zur Stadt hinaus. Nach einiger Zeit gelangte er an die Stelle, wo er sich von Hassen verabschiedet hatte. Das Messer steckte noch in der Erde. Die eine Hälfte des Griffes war verbrannt. Damit wurde es für Hussein zur Gewißheit, daß Hassen nicht mehr lebte. Er weinte bitterlich und nahm sich vor, den toten Bruder zu suchen. Ohne Aufschub folgte der Khan dem Weg, den Hassen damals eingeschlagen hatte. Nach monatelangem Ritt durch Wälder, Steppen und Gebirge erreichte er die Stadt, in der Hassen gewohnt hatte. Im Schloß des Khans wurde er feierlich empfangen. Die schöne Hanschaim erzählte ihm, wie sein Bruder den siebenköpfigen Drachen getötet hatte und wie der betrügerische Wesir aus der Stadt gejagt worden war. Sie schloß mit der Nachricht, Hassen sei von der Jagd nicht heimgekehrt.

Bis tief in die Nacht überlegte Hussein, was dem Bruder zugestoßen sein könnte. Hatte vielleicht der Wesir ihn umgebracht? In aller Frühe ritt er in den Wald, wo Hassen zuletzt gejagt hatte. Obwohl Sommer war, begann es plötzlich zu schneien. Die Luft wurde schneidend kalt. Hussein suchte, wie schon Hassen, Schutz unter der hohen Tanne und zündete ein Feuer an. Mit einem Mal sah er die alte Frau über sich auf dem Ast sitzen.

„Komm herunter und wärme dich“, rief der Jüngling.

„Gern“, antwortete die Alte. „Vorher aber will ich deinen Hund verjagen. Ich fürchte mich vor ihm.“ Sie griff nach dem Zauberstöckchen.

Hussein, der ihre Bewegungen mit den Blicken verfolgte, begriff plötzlich, daß sie eine Hexe sein mußte. Schnell zog er sein Schwert und rief: „Halt! Mir scheint, du weißt, wo mein Bruder ist. Sag es, oder ich töte dich!“

„Der Stein, auf dem du sitzt, ist dein Bruder“, sprach, vor

Furcht zitternd, die Hexe. „Der Wesir gab mir den Befehl, ihn zu verzaubern. Schone mein Leben, dann werde ich ihn wieder lebendig machen."

Hussein ließ das Schwert sinken. Die Hexe schwang das Stöckchen, und alsbald verwandelte sich der Stein wieder in einen Menschen. Die Brüder umarmten sich nach der langen Trennung und kehrten in das Schloß zurück. Dort lebten sie viele Jahre zusammen.

Eines Tages sprach Hussein zu Hassen: „Erinnerst du dich an das Sprichwort: Der Hund kehrt dorthin zurück, wo er einen großen Knochen gefunden hat, den Menschen zieht es nach dem Ort, wo er geboren wurde. Denkst du nicht auch manchmal an Mutter und Vater, an unser ehemaliges Leben?"

Hassen entgegnete: „Du hast recht. Wir wollen die Eltern suchen. Sie sind alt, und vielleicht geht es ihnen nicht zum besten."

Die Brüder verabschiedeten sich von der schönen Hanschaim und vom Khan und brachen auf. Viele Menschen gaben ihnen das Geleit; sie waren dankbar, daß Hassen die Stadt von dem schrecklichen Drachen befreit hatte.

Nach einem langen und schweren Weg erreichten die beiden ihre Heimatstadt. Der erste Mensch, der ihnen begegnete, war ihr reicher Onkel. Er erkannte sie nicht. Als sie ihre Namen nannten, küßte er ihnen die Hände, redete ihnen nach dem Munde und versuchte, sich bei ihnen einzuschmeicheln.

„Wo sind unsere Eltern?" fragten Hassen und Hussein fast gleichzeitig.

„Sie leben hier in der Stadt", antwortete der Onkel. „Aber wozu braucht ihr sie noch? Ihr seid reich, sie aber sind alt und blind. Sie werden euch ein Klotz am Bein sein."

Hassen und Hussein ritten durch die Straßen bis zu einer armseligen, zerfallenen Hütte. Drinnen war es dunkel. Sie zündeten eine Kerze an. Da sahen sie die Eltern in schmutzigen, abgetragenen Kleidern auf dem Boden hocken.

„Vater! Mutter!“ rief Hassen. „Erkennt ihr uns nicht?“

„Könnt ihr uns nicht sehen?“ fragte Hussein.

Die alte Frau hatte die Stimme ihrer Söhne erkannt und begann zu weinen.

„Ich habe nicht mehr daran geglaubt, daß ihr am Leben seid“, sprach der Vater. „Wie konntet ihr euch retten?“

Da erzählten die beiden, was ihnen widerfahren war und wie sie all die Jahre gelebt hatten. Am Schluß fragte Hassen den Alten: „Warum hast du uns damals im Wald verlassen? Wir waren klein und hilflos.“

Und Hussein fügte hinzu: „Wolltest du das Gold, das an jenem verfluchten Morgen unter unseren Kissen lag, nicht mit uns teilen?“

„Verzeiht mir“, sprach unter Tränen der Vater, „ich hatte keine andere Wahl. Euer Onkel sagte mir, ein böser Geist sei über euch gekommen und ich müsse euch töten. Aber das brachte ich nicht übers Herz. Deshalb wählte ich das kleinere Übel und führte euch in den Wald. Danach wurden wir beide krank. Die Ausgaben für Arznei brachten uns vollends an den Bettelstab. Mein reicher Bruder war nicht bereit, uns zu helfen. Aber das schlimmste ist, daß wir blind sind und euch nie wieder anschauen können.“

Der Vater verstummte. Schweigend verließen Hassen und Hussein die Hütte und begaben sich in das Haus ihres Onkels. Zur Strafe für seine Geldgier und Hartherzigkeit stürzten sie ihn in einen tiefen Brunnen.

Ahmet und der Khan

In uralten Zeiten lebte einmal ein armer Bauer, der hatte einen einzigen Sohn namens Ahmet. Ahmet war ein guter Jäger und galt weit und breit als der Schlaueste und Geschickteste.

Eines Tages hörte der Khan von Ahmets Fähigkeiten. Er beschloß, den jungen Mann kennenzulernen. In der Jurte des Bauern traf er aber nur den Vater an.

„Wo ist dein Sohn?“ fragte der Khan.

„Er ist auf die Jagd gegangen“, war die Antwort.

„Wie ich höre, soll er sehr klug und findig sein“, fuhr der Herrscher fort. „Ist das wirklich wahr?“

„Wenn man es im Volk erzählt, wird es wohl so sein“, sagte der Alte, voller Stolz auf seinen Sohn. Und er fügte hinzu: „Ich glaube, er könnte sogar dich, großer Khan, überlisten.“

Der Herrscher wurde zornig.

„Hat man je gehört, daß ein Jäger klüger war als ein Khan? Ich will den Burschen auf die Probe stellen. Sieh dieses wundervolle Pferd. Er soll versuchen, es zu stehlen. Wenn ihm das gelingt, erhält er ein kostbares Geschenk. Schafft er es nicht, so lasse ich ihn köpfen.“

Als Ahmet am Abend nach Hause kam, teilte ihm der Alte mit, was geschehen war. Der Sohn beruhigte ihn.

„Nichts leichter als das!“ sagte er und freute sich insgeheim auf das Geschenk.

Spät in der Nacht drang der Bursche heimlich ins Schloß ein und gelangte unbemerkt in das Schlafgemach des Khans. Der lag in seinem goldenen Bett und schlief ruhig und tief. Ahmet bemächtigte sich seines prachtvollen Gewandes, nahm einige Flaschen Wein vom Tisch und schlich zu den

Torwächtern. Als Herrscher verkleidet, sprach er zu den Soldaten: „Noch in dieser Nacht wird ein Dieb kommen, der mein Pferd stehlen will. Paßt gut auf!“

Und er überließ ihnen den Wein. Bald waren die Flaschen leer, und als Ahmet wiederkam, schliefen die Torhüter. Ungehindert ritt er auf dem Pferd des Khans nach Hause.

Als der Herrscher am Morgen erfuhr, daß das Pferd verschwunden war, ritt er zu dem Bauern und fragte: „War es dein Sohn, der mein Roß gestohlen hat?“

„Ja, das war er“, antwortete der Alte.

„Sicherlich war die Aufgabe nicht schwer genug“, sprach der Khan. „Sag deinem Sohn, er solle versuchen, meinen goldenen Ring vom Tisch wegzuholen. Wenn es ihm gelingt, will ich ihn reich belohnen. Schafft er es nicht, so lasse ich ihn hinrichten.“

Am Abend berichtete der Vater von dem Gespräch.

„Das ist leicht zu machen“, sagte Ahmet und begann ohne Verzug ein Selbstbildnis zu malen. Als das Porträt fertig war, ritt er damit zum Schloß und schlich sich unter die Fenster des Khans. Dort stellte er das Bild auf und versteckte sich im Gebüsch.

Der Herrscher sah das Gemälde, glaubte, es sei der Dieb selbst, und verließ das Schloß, um den Einbrecher zu fassen. Darauf hatte Ahmet gewartet. Über den Küchenaufgang schlich er in die Räume des Khans und nahm den goldenen Ring an sich.

Erneut begab sich der Mächtige in die Jurte des Bauern. „War es dein Sohn, der mir den Ring vom Tisch gestohlen hat?“

„Ja, das war er“, antwortete der Alte und zeigte dem Khan das leuchtende Schmuckstück.

Da sagte der Herrscher: „Ich will ihn ein letztes Mal auf

die Probe stellen. Wenn es ihm gelingt, mir mein bestes goldenes Messer zu stehlen, will ich ihn reich beschenken. Schafft er es nicht, so ist es um ihn geschehen.“

Wieder erzählte der Vater dem Sohn von dem Besuch.

„Das goldene Messer zu erlangen ist nicht schwer“, sagte Ahmet und nahm seinen Hund mit in den Garten des Khans. Dort ließ er ihn von der Leine, und es dauerte nicht lange, so hatte das kluge Tier das Messer gefunden.

Noch einmal suchte der Khan die Jurte des armen Bauern auf. Diesmal traf er auch Ahmet an.

„Du bist wirklich so schlau, wie die Leute sagen“, sprach er zu ihm. „Selbst mich, den Khan, hast du überlistet. Dafür sollst du das beste Geschenk haben, das ich vergeben kann: meine Tochter.“

Tags darauf wurde die Hochzeit begangen. Sie feierten einen ganzen Monat lang.

Worterklärungen

Allah	Name des Gottes der Mohammedaner, der Anhänger der islamischen Religion
Aul	Siedlung, Dorf
Bei	Herr, reicher Mann
Dombra	altes kasachisches Musikinstrument mit zwei Saiten
Jurte	rundes Filzzelt
Khan	Herrscher
Kumys	Getränk, das aus Stutenmilch bereitet wird
Wesir	Minister und Ratgeber des Herrschers

Die kasachischen Wörter werden auf der letzten Silbe betont.

Inhalt

Der Kater, der Tiger und der Mensch

3

Das kleine Kamel

6

Der blaue Fuchs

8

Fuchs und Ziege

9

Der durchtriebene Fuchs

10

Der Hirt und die Schlange

12

Die Maus und die Schlange

14

Kotyr-Torgai

15

Die Schildkröte

18

Der Kuckuck

21

Die Ziege und der dumme Wolf

22

Der goldhaarige Totambei

23

Der wunderbare Vogel

28

Die durchlöcherte Münze

39

Bekbolat

40

Wer soll der Kuh zu fressen geben?

46

Das geflügelte Pferd

49

Der Freigebige und der Geizhals

53

Von der armen Künsche, die ihren Sohn verloren hatte

55

Der Wundermantel des Aldar-Kösse

60

Der Streit der Brüder und die Entscheidung
des alten Schujute

62

Der wunderbare Garten

64

Vom Wert eines Handwerks

70

Die drei Schwestern

76

Drei Aufgaben

92

Der Wanderer und der Khan

95

Der betrogene Dicke

97

Der Reiche und der Arme

98

Ahmet und der Khan

111

Worterklärungen

115

ISBN 3-358-00846-0

6. Auflage 1986

Lizenz-Nr. 304-270/650/86-(170)
Lichtsatz: INTERDRUCK, Graphischer Großbetrieb Leipzig – III/18/97
Repro: Karl-Marx-Werk-Pößneck V 15/30
Druck und buchbinderische Verarbeitung:
Offizin Andersen Nexö,
Graphischer Großbetrieb, Leipzig III/18/38
LSV 7768
Für Leser von 7 Jahren an
Bestell-Nr. 630311 1
00780